# 研学旅行研究

黄勋 著

延吉·延边大学出版社

图书在版编目（CIP）数据

研学旅行研究 / 黄勋著. -- 延吉 ： 延边大学出版
社，2024. 8. -- ISBN 978-7-230-07017-1

Ⅰ. F590.75

中国国家版本馆 CIP 数据核字第 2024QX2456 号

研学旅行研究

著　　者：黄　勋

责任编辑：朱秋梅

封面设计：文合文化

出版发行：延边大学出版社

社　　址：吉林省延吉市公园路 977 号

邮　　编：133002

网　　址：http://www.ydcbs.com

E-m a i l：ydcbs@ydcbs.com

电　　话：0433-2732435

传　　真：0433-2732434

发行电话：0433-2733056

印　　刷：三河市嵩川印刷有限公司

开　　本：787 mm×1092 mm　1/16

印　　张：10.25

字　　数：200 千字

版　　次：2024 年 8 月　第 1 版

印　　次：2025 年 1 月　第 1 次印刷

ISBN 978-7-230-07017-1

定　　价：68.00 元

# 前　　言

在当前教育多元化的背景与体验式学习的趋势下,研学旅行作为一种新兴的教育模式,正逐渐成为连接学校教育与社会实际、理论知识与实践探索的桥梁。研学旅行不仅可以丰富学生的课外活动,还是深入贯彻素质教育理念的重要载体。本书系统地探讨了研学旅行的概念框架、理论基础及其在当代的发展现状与前景,为研学旅行的管理者、指导师、课程设计师及其他相关从业者提供了全面而深入的参考;剖析了研学旅行的核心价值、面临的挑战及未来的发展路径,力求揭示如何通过优化研学旅行指导师素质、创新课程设计、构建评价与考核体系、进行市场营销与品牌塑造、强化安全管理和提升基地服务质量,来促进研学旅行行业的健康、可持续发展,确保每一位参与者都能在安全、有序、高效的环境中获得文化的滋养和能力的增长,最终实现教育与旅游的深度融合,为培养具有国际视野和创新能力的新时代人才贡献力量。

# 目　　录

# 第一章 研学旅行概念及理论基础

## 第一节 研学旅行概述

### 一、研学旅行的概念

研学，即研究性学习，国际上将其统称为探究式学习（Hands-on Inquiry Based Learning，HIBL）。研学是指以学生为中心，在教师和学生共同组成的学习环境中，基于学生原有的知识，让学生主动提出问题、主动探究、主动学习的归纳式学习过程。研学旅行是由学校根据区域特色、学生年龄特点和各学科教学内容需要，组织学生通过集体旅行、集中食宿的方式走出校园，以年级、班级甚至学校为单位进行的集体活动。研学旅行帮助学生在与平常不同的生活中开阔视野、丰富知识，加深与大自然、传统文化的亲近感，增强对集体生活方式和社会公共道德的体验。研学旅行继承和发展了我国传统游学"读万卷书，行万里路"的教育理念和人文精神，成为素质教育的新内容和新方式，能够提升中小学生的自理能力、创新精神和实践能力。

从广义层面上看，研学旅行是社会中的任何成员都能够参加的以任意探究性学习为主要目的的外出活动，是以个人或者团队等方式开展，参与者短暂离开居住地、前往目的地所进行的专项旅行探究活动。广义上的定义是从旅游角度进行界定的，这一理念认为任何社会主体都可以参加研学旅行活动，在研学旅行中实现知识增长。从狭义层面上看，研学旅行是指中小学生在校外开展旅行活动，这一主体限定为中小学生，除中小学生之外的其他主体参加的都不属于研学旅行活动。2016 年 11 月 30 日，中华人民共和国教育部（以下简称"教育部"）等 11 个部门发布的《关于推进中小学研学旅行的意见》

指出，中小学生研学旅行是由教育部门和学校有计划地组织安排，通过集体旅行、集中食宿方式开展的研究性学习和旅行体验相结合的校外教育活动，是学校教育和校外教育衔接的创新形式，是教育教学的重要内容，是综合实践育人的有效途径。众多出台的政策表明，研学旅行是在中小学开展的特殊的实践课程。因此，在概念的选择和应用方面，应该以狭义的研学旅行概念为主导。

研学旅行课程安排与平常的学习有显著的不同，研学旅行活动能够开阔视野、丰富知识体系。例如，学生通过自然研学活动，能够更好地观察和了解自然；通过文化研学活动，能够深刻感受中华文化的博大精深，传承经典文化。研学旅行可以有效增强中小学生对集体生活方式以及社会道德的体验感，提升中小学生的自理能力、创新精神和实践能力。研学旅行是现代教学实践中新出现的一种教学模式，主要目的在于借助校外研学旅行资源来改变传统的课堂教学方式，在这一过程中全面提升学生的学业能力、感知能力及其他能力，培养良好的思想道德观念和实践认知，是对传统教学方式的一种变革和调整。

从发展的角度看，研学旅行是一种文化现象，能够让学生在新的环境中实现自我提升。这种教学方式与传统意义上的教学方式有一定的差异，同时也与当前普遍开展的旅游活动有明显的不同，是教育与旅游发展的深入融合，借助寓教于乐的方式达成教学目的。研学旅行的内容包含了参观游览和语言学习，是介于"游"与"学"之间的一种特殊的教学方法，融合了"游"与"学"的内容。各年龄段的学生都可以积极、主动地参与研学旅行，为此国家还发布了相关的政策法规，要求各地学校将研学旅行放在更为重要的位置上，推动研学旅行健康、快速发展。学校可以借助"路上的课堂"，通过集体旅行、集中食宿等方式，开展研究性学习和旅行体验相结合的校外教育活动。

## 二、研学旅行的特征

从严格意义上来说，研学旅行是一门课程。作为一门课程，研学旅行活动在开展过程中会呈现一定的特殊性，具体表现为以下特征：

### （一）综合性

研学旅行是通过"旅行+教育"的方式实现的，旅游本身涵盖了食、住、行、游、购、娱等多个方面，教育也包含了自然、科技、文化、政治、历史、数学等多学科内容，二者结合在一起则具有很强的综合性。研学旅行面向的是日常生活，生活也是一个综合体，研学旅行的内容涉及自然、地理、历史、语文、生物、数学等多种学科，生活方式又集考察、调查、访问、记录、试验、体验、撰写为一体，通过多方面的实践与体验，能够极大提升学生的综合知识能力。研学旅行活动反映了一个学生的综合能力，强化了他们的"五感"应用，因此研学旅行是一门综合性的实践活动课程。例如，在西柏坡红色研学中，学生不仅能参观老一辈革命家的居住、工作环境，还能借助现代声光电技术，以视觉的方式感受当年激烈的战争场景；还能通过品尝当地特色"革命菜"、扮演小小解放军等多感官参与活动的方式，更好地增强体验感。

## （二）研究性

研学旅行中的"研学"二字说明了研学旅行活动具有很强的研究性。在研学旅行途中开展一系列的研究性学习，这与传统的课堂教学有很大的不同，也是研学旅行与其他旅游活动的本质区别。研学旅行的主体是中小学生，研究性学习要求学生带着问题进入情境，通过自主学习、合作学习、探究学习等多种方式，寻找解决问题的方法。中小学生在情境中能够找到解决问题的方法，锻炼发散思维。研究性特点决定了研学旅行属于深度教育活动。例如，在一次探索沙漠植物生长奥秘的研学旅行活动中，研学旅行指导师设置了一个特别的任务，让学生借助特定的工具，自行寻找沙漠里的植物，记录植物特点，并且在汇报环节进行分享。学生在活动中自行探索，可以训练自身的研究思维，近距离感知沙漠植物。

## （三）体验性

研学旅行的重点在于体验，与传统意义上的课堂纯理论教学有显著的不同，它让学生走出课堂开展校外实践学习，在大自然中学习，带动听觉、触觉、味觉、嗅觉、视觉一同感受真实的环境。研学旅行让中小学生在现实中动手动脑，在大自然中学会生存，学会做人做事，培养学生实践能力。为了更好地让学生体验研学旅行，需要专门的研学旅行指导师开展研学教学。研学旅行指导师起到的应该是引导性的作用，不能将传统课堂中的"填鸭式教学"带到研学旅行课程中。研学旅行的开展要在学生的自主参与下实现，这种参与方式是异地性的，与学生现阶段的自我学习有明显的差异，学生必须要有所体验，要在旅行的过程中亲自动手实践，通过多方面的体验来参与学习。亲身体验的主要目的在于改变单纯的班级教师教学这一单一模式，学生只有在研学中积极、主动地参与实践环节，使自身的能力得到强化和锻炼，并且形成持久性的记忆，才能够使研学旅行取得更为积极、有效的效果。例如，某学校为了增强学生的消防技能，让学生认识消防工作的重要性，在校外研学旅行中特意增加了一次消防演练活动。在这次活动中，学生不仅能够获得消防理论知识，还能够在模拟消防火灾屋内亲身体验模拟的"火灾"事故。在体验中学习，学生的记忆会更加深刻，会更好地意识到消防知识的重要性，并且能够有效应用到现实生活中。

（四）集体性

研学旅行通过集体出行的方式展开，个人开展的活动不属于研学，只有以班级、年级乃至学校为单位进行的，具有共同体验、相互合作特征的集体性活动才是研学旅行。研学旅行是学期内开展的教学活动，法定节假日、周末、寒暑假开展的活动都不属于研学旅行范畴，夏令营、冬令营也不属于研学旅行。目前很多学校以社团、学生会的名义开展研学旅行，从严格意义上来说，这些类型的活动并不是研学旅行。目前，国家已经出台了相关的研学旅行政策，鼓励开展研学旅行教学，适应学生发展需求。为了更好地开展研学旅行，需要以班级、年级或者学校为单位进行集体活动，并且在教学中通过教师的积极参与来保障学习效果。学生在教师的带领下一起开展学习互动活动，通过集体参与的方式来相互探讨问题，从而达到提升学习效果的目的。集体性特点决定了学生跟随家长进行的相关旅游活动，不能称为研学旅行，只能叫作旅游活动或者亲子游。集体参与的研学旅行可以使学生的能力更好地发挥出来，团队协作能力也能得到更好的锻炼和强化。团队分工与协作的活动方式能够增强学生情感沟通和表达的能力，团队会给学生带来快乐和爱的能量，激发学生成长的潜力，让学生焕发出无穷的生命力。

（五）计划性

从课程性质看，中小学生研学旅行是由教育部门和学校共同组织、安排，作为研究性学习和旅行体验相结合的校外教育活动，是学校教育和校外教育衔接的创新形式，是教育教学的重要内容，是综合实践育人的有效途径。课程具有组织性、计划性、可预见性，研学旅行作为一门活动课程也是有组织的、有计划的。研学旅行活动在开展之前就要做好充分的准备工作，如研学旅行时间、研学旅行主题、研学旅行线路、研学旅行活动开展方式等都需要进行设计，保证"活动有方案，行前有备案，应急有预案"。计划性意味着研学旅行需要按照事先规划的方案开展，与临时安排的旅行有明显的区别。中小学在开展研学旅行课程之前，通常会提前设置好课程内容，安排好相关教育教学任务，确保实践教学的内容能够得到贯彻落实。例如，某小学为了扩展五年级学生农作物方面的知识，计划在当年的十月组织全校五年级学生前往农业种植园开展研学旅行活动。为了实现这一目标，学校与研学机构共同制定了研学旅行活动方案，严格按照研学旅行活动方案开展此次研学旅行活动。

（六）开放性

研学旅行是在开放的校外开展的，多元文化在开放性的空间会直观呈现在学生面前，这对学生来说很多都是陌生的。研学旅行开放性不仅体现在空间上，还体现在时间上，学校可以根据实际情况在学期内自由安排研学旅行活动时间，可以自主选择研学场地。研学旅行开放性要求学生必须走出课堂、走出校园，深入学校之外的自然环境、人文环境中。面对开放的环境，学生要具有开放的心态，积极、主动地开展学习，多角度思考问题、辩证地看待问题。研学旅行的问题设计要具有开放性，避免封闭性问题带来的研学效果不佳的问题，让学生多思考、多参与、多尝试、多追问。

研学旅行超越了校本教材、学校课堂的局限，向自然、生活和社会领域延伸，加强了学生与自然、社会的联系，因此研学旅行的内容必然具有开放性的特征。在不同的时间和空间里面所呈现出来的内容都有着一定的差异性，即使是同一研学内容也会有多种展现形式。在研学旅行活动中，主题内容不一样，所要实现的目标也不尽相同，可以实现研学旅行广度和深度的无限延伸。学生由于个体经验的差异往往会趋向于各自感兴趣的不同场所，研学旅行能够为学生的个性发展提供开放的空间。因此可以说，研学旅行使学生投入自然和社会，宽广胸怀，丰富见识。

（七）课程性

研学旅行是一门综合实践教育课程，本质上是教育，这就意味着研学旅行课程要有明确的教学目标、具体的教学内容、严谨的教学实施过程和科学的教学评价体系。校外研学并不是将中小学生放在校外环境中放任不管，而是有针对性地设置教学内容、明确研学旅行主题。研学旅行是中小学生的必修课程，其课程设计要具有一般课程所具备的各个要素，这样所形成的教学效果会更好。各地学校应从当地特色资源角度出发，有针对性地开展研学旅行活动；研学机构则应根据学校需求设计对应的课程体系，通过课程安排来实现研学旅行活动有序开展。

### （八）自主性

作为一门课程，研学旅行的实施和应用要在学生的自主参与下才能够完成。自主性是学生作为主体属性的直接体现，要求学生能够有效地开展自我管理、自我学习、自我生活、自我成长，充分发掘自身的潜力。学生的自主性主要体现在学习方法的选择和应用方面，在校外研学中做到乐于学习、善于反思、勤于动手，自主能力得到提升和强化。

任何类型的研学旅行活动都能激发学生的自主性，让学生在研学旅行中自主地发现和观察一草一木、一山一水、一事一物、一情一景，调动学生学习的主动性和积极性，从而变成学生成长路上最好的教育方式。长期以来的教学经验表明，被动式学习接受知识的效果比较差，难以让学生保持持久的学习兴趣，无法激发学生的学习积极性和主动性。研学旅行中的自主性学习，可以让学生保持良好的状态，让学生以更加积极、饱满的状态投入学习，从而获得深刻的记忆。

### （九）地域性

教育部已经出台文件，要求各个学校根据当地地域特色开展特色研学旅行活动，建立"乡土乡情—县情市情—省情国情"层层递进的研学旅行活动课程体系。各地学校在教育部的引领下，对中小学研学旅行课程内容进行详细规划和设计，提出具体要求，充分利用区域资源优势建立具有地方特色的研学旅行课程体系。因此，各地开展的研学旅行活动具有一定的地域差异性。

凯瑞生态农业开发基地位于江西省九江市彭泽县，是江西省第二批省级研学实践教育基地。凯瑞生态农业开发基地坐落于水资源丰富、水质优良的彭泽县太泊湖区域，位于彭泽县城的东北部，更与龙宫洞、小孤山、石钟山、马垱炮台等名胜景点相距不远；距离彭泽县城 18.1 千米，距离南昌市 214.4 千米，距离九江市 85.8 千米，距离高速路口 4.1 千米，距离济广高速只有 32.9 千米，交通极其便利。同时，凯瑞生态农业开发基地获得江西省科普小镇、江西科普示范基地、国家级现代农业产业园、国家级农村三产融合示范区、国家级稻渔综合种养示范区、国家 3A 级景区等称号。总占地面积为 5.6 万亩（约 3 733 公顷）的基地内建有凯瑞生态旅游文化服务中心、智能化温室采摘观光园、虾蟹小镇、稻虾文化馆、农耕博物馆、虾蟹科技小院、果林长廊等，可同时容纳 5 000 人，适合青少年开展科普教育、研学实践、休闲观光、户外运动等各类活动。

教育教学的最终目的在于提升学生的综合素养，人才培养工作的开展要在各级学校的参与下实现，这就要求学校在开展日常教学的过程中，既要遵循学生的身心发展规律，也要符合国家人才培养目标。教学质量的提升要在学生的需求下进行，教师应根据当期学生课本教学的实际内容，并且结合本地的地域性特征，有针对性地结合课本内容开展教学工作，从学生身边发现与课程相关的内容，这样起到的作用更为明显、有效。例如，结合《狼牙山五壮士》《没有共产党就没有新中国》等内容将河北省野三坡作为红色教育基地，这样就可以将课本内容与课外实践有效结合在一起，丰富教师的教学方法和学生的知识体系，改变单一的理论教育模式。实践与理论相结合的教学方式所形成的教学效果更为明显，可以充分调动学生的主动性和参与性，而且教学质量明显得到提升。实践表明，教学工作的开展应以质量提升作为根本标准，研学旅行的开展是在时代发展的基础上所提出的新的教学实践方式，教师和学生都能参与研学旅行，多种主体的积极参与为教学质量提升创造了良好的条件。

研学旅行的开展可以在一定程度上起到拓宽学生视野的作用。日常课堂教学运用的主要是书本知识，对学生的自我发展和成长有一定的局限，学生自身的能力很难在这种教学背景下得到强化和提升，从而导致教学质量不高。即使在现代信息时代下，相关问题也没有很好地解决。研学旅行是解决这一问题的有效方式。学校可以根据区域特色和学生特点，结合相应教学内容，组织学生通过集体旅行的方式将知识融入课堂教学中，在与学校教育情境不同的生活场景中填补理性知识与感性知识的缝隙，实现间接经验与直接经验的有效结合，从而夯实基础知识，实现教学质量的全面提升。

## 三、研学旅行的目的

### （一）领悟"创新、协调、绿色、开放、共享"新发展理念的内涵

实施研学旅行是贯彻落实中国共产党第十八届中央委员会第五次全体会议精神的重要举措，使学生在感受时代的发展与变化中体会"创新、协调、绿色、开放、共享"新发展理念的深刻内涵。改革开放40多年来，我国创新发展模式取得了伟大的成就；人地、人人、地区、部门、行业之间的协调发展带来共赢的良好局面；贯彻新发展理念的地区更具有可持续性，绿水青山处处见；开放才能搞活、才能有发展的机会，故步自封必然导致如井底之蛙一般短视；只有共享发展成果与经验，相互学习并相互促进，先

进带动落后，先富带动后富，中国人民的整体生活水平才能提高，老少边穷地区才能得到发展。开展研学旅行活动，能为教师提供生动的教学依据与鲜活的教学素材，引导学生真切地感受新发展理念给我们带来的"喜"以及违背新发展理念带来的"忧"，帮助中小学生形成正确的思维，把握社会发展的正确方向，树立参与社会、改造社会的志向。

### （二）落实立德树人的根本任务

立德树人是党的教育方针。培养什么人，如何培养人，历来是党和国家教育的根本问题。中国共产党第十八次全国代表大会以来，党中央要求各学校全面贯彻党的教育方针，坚持教育为社会主义现代化建设服务、为人民服务，把立德树人作为教育的根本任务，培养德智体美劳全面发展的社会主义建设者和接班人。立德树人是党的教育方针的重大理论创新。各学校在研学旅行活动中培养学生良好的行为习惯，帮助学生建立正确的思想认知，也是贯彻党的教育方针的直接体现。

立德树人是素质教育的根本任务。素质教育的目的在于培养人的综合素质，其中最为根本的是德育。据《左传》记载，人生最高的境界首先是立德有德、实现道德理想，其次是事业追求、建功立业，最后是有知识、有思想、著书立说。由此可见，立德是摆在第一位的。立德树人是从古至今的教育共同遵循的理念，是实现素质教育的根本目的。

立德树人是基础教育改革的必然要求。立德树人是教育的根本任务，是全面贯彻党的教育方针的根本出发点和落脚点。虽然我国基础教育取得了伟大成就，但是还存在学生全面发展能力不足、素质教育推进困难等一系列需要解决的问题。学校应继续推进教育改革，实现立德树人根本教学目标，通过教学评价的导向、鉴定、诊断、改进等功能，促进立德树人根本任务的落实。

立德树人是社会主义核心价值观教育的要求。中共中央办公厅印发的《关于培育和践行社会主义核心价值观的意见》明确指出，要坚持育人为本、德育为先，围绕立德树人的根本任务把培育和践行社会主义核心价值观融入国民教育全过程。在理论与实践的结合上，厘清"立德树人"与培育、践行社会主义核心价值观之间的内在关联性，加强青少年社会主义核心价值观教育，对全面贯彻党的教育方针，培养德智体美全面发展的社会主义建设者和接班人，具有重要理论和实践意义。

## 四、研学旅行的意义

研学旅行是由教育部门和学校共同组织、安排的校外教学活动，开展研学旅行对促进中小学生全面发展、推动基础教育改革、促进经济社会发展具有重要意义。

### （一）在国家层面，有利于培育和践行社会主义核心价值观

研学旅行是贯彻国家重大方针政策的重要举措。为提高学生综合素质，国家出台了一系列政策措施，通过政策引导来实现中小学生德育的目标。自 2016 年以来，各级政府每年都会出台一系列的研学旅行方面的方针政策。研学旅行是贯彻落实国家政策的有效途径之一，有针对性的研学旅行教育，可以为社会经济发展培养高素质人才。随着研学旅行活动的进一步推进以及国内研学旅行市场规模不断扩大，研学旅行的问题也逐渐增多，其发展需要国家方针政策作为指导，以服务现代社会经济发展。

研学旅行是推动基础教育改革与发展的重要途径。时代发展对现代基础教育提出了新的要求，基础教育要适应时代带来的挑战，同时也要抓住发展机遇。研学旅行活动遵循了中小学生身心发展规律，是教育规律的直接体现。研学旅行将学习和动手实践结合在一起，将传统的课堂教学和校外教育有效衔接，强调思考与实践相结合，使学生知行合一，在研学旅行中学会动脑动手、学会生存、学会生活、学会做人做事，有利于促进他们的身心健康。研学旅行教育可以有效培养学生的实践能力、创新精神和社会责任感，是推动基础教育改革与发展的重要途径。

研学旅行的目的是拓宽孩子们的眼界，并通过拓宽眼界来开阔孩子们的思维。课堂教学可以培养学生的思维，但仅有课堂教学是不够的，学生要走出课堂、走出学校、走向社会，从而了解世界、了解社会。通过实践研学，学生能够品味那些穿越千年、历尽磨难保留下来的建筑，聆听那些耐人寻味、感人至深的故事，了解劳动人民的惊人创造，体验不同的生活技能，学到从课本上学不到的知识，感受师生、同学间的友爱，收获自我人格的成长和完善。

研学旅行是价值观教育的重要载体。中小学阶段是学生价值观养成的重要时期，科学引导至关重要。研学旅行活动的开展可以利用众多类型的资源，自然景观、文化遗产、科研基地、工业设施等都可以被开发出来用于研学旅行活动。每一种类型的研学旅行主题所展现出来的研学内容有着明显的差异性，同时这些研学旅行主题活动的开展都具有

教育教学的功能。中小学生依托众多研学资源，能够在研学旅行中切实感受祖国的大好河山，近距离感受中华传统文化和改革开放以来取得的伟大成就，激发对党、对国家、对人民的热爱之情，增强对"四个自信"的理解与认同，为实现中国梦贡献力量。理查德·洛夫曾提到的一个术语——自然缺失症，指孩子如果缺少在自然中探索、学习、体验的经历，其感觉和知觉都会受到影响，容易产生肥胖、注意力紊乱、孤独、焦躁、易怒等问题，在道德、审美、情感、智力成长等方面有所缺失。孩子们通过参加研学旅行活动，开始学会心怀敬畏，敬畏生命、自然、世间万物。例如，在自然研学旅行活动中，植树活动意味着热爱自然、保护环境。孩子在和树木亲密接触时，能感受生命的动与静；在种树的过程中，能体会哺育生命的意义；在看着树苗成活之后，能享受成功的喜悦。

研学旅行是落实立德树人、全面育人教育目标的重要形式。立德树人教育目标需要通过特定的方式实现，而研学旅行作为一种常见的教学形式具有不可替代的作用。各地学校积极探索研学旅行模式，持续加大对研学的投入力度，不断丰富研学旅行的课程内容，有效整合社会资源，逐步建立保障机制，在促进学生健康成长和全面发展方面发挥了重要作用，并积累了有益经验。因此，学校开展研学旅行活动，能够更好地实现立德树人、全面育人教育目标。例如，在工业研学中，学生能够近距离地感受工业化带来的巨大便利，激发爱国热情，并且养成良好的行为习惯。

## （二）在教育层面，有利于培养学生的核心素养

### 1.有利于丰富学生的经验

"读万卷书，行万里路"，经验的习得需要切身实践。信息时代下，社会瞬息万变，各种新的事物不断出现，课本上的知识呈现的更多的是前人的知识理论经验，无法与日新月异的现实、事物有效衔接。在传统的课堂教育中，学生主要是通过课本获得知识，而研学旅行具有形式丰富、多样的特性，可设计空间非常大，能够紧跟时代发展步伐开展具有时代特色的研学旅行活动。学生在研学旅行中通过多种渠道获取知识，能够丰富已知经验，补充课本内容的不足。

### 2.有利于改变学习方式

研学旅行活动类型多元，学生可以自主选择研学旅行主题，从被动地接受知识转变为主动获取经验，在开放的环境中体验、学习，激发学习欲望。学生可以根据自身的观察和思考完成研学任务，将书本知识在旅行中加以强化，更好地培养自身的综合思维能力和探究能力。研学旅行能够转变传统意义上的学习方式，在开放的空间中为学生提供

更加丰富多彩的学习内容，满足学生的好奇心和探索欲，激励学生自我发展、学会学习、健康生活，促进学生核心素养的提升。

### 3.有利于培养创新精神和增强实践能力

培养创新型人才，激发学生的创新能力，是学校实现可持续发展战略的重要途径。当前的研学旅行活动通常包含创新精神类型的主题活动，能够激发学生敢为人先的精神，可以在线路设计中推行富有科教意义的文化战略，以丰富的人文知识内涵为学生的创新能力打下坚实的基础。课堂教学与实践难以有效结合在一起，是教育长期以来面临的一个重要问题，导致大多数学生的实践能力比较弱。而研学旅行强调自主实践技能，如学校通过带领学生参加乡村田园采摘等实践研学旅行活动，来唤醒学生的学习热情，使学生自觉地参与实践活动。

每个中国人都应该了解一些中国古代传统文化，尤其近年来中国传统文化备受关注，无论是诗词歌赋、故宫国宝，还是京剧，都已经成为时下的年轻人追逐的潮流。从《百家讲坛》到《中国诗词大会》，从《国家宝藏》到《唐宫夜宴》，有关中华传统文化的节目使国人从中增长了见识，使国人灵魂变得充盈而有趣。

## （三）在旅游层面，有利于旅游转型升级

### 1.促进旅游产业转型升级

研学旅行是精品旅游产业的重要组成部分，是推进文化和旅游产业高度融合、高质量发展的重要形式。当前旅游市场的竞争日益激烈，部分景点、景区的经营遇到了挑战。在研学旅行快速发展的今天，一些景点、景区积极转型，以现代研学旅游为发展契机转变传统模式，实现产品创新优化。研学旅行正成为社会关注热点，有望成为产业投资的重点领域，也是旅游产业转型升级的一种重要形式。随着研学旅行的进一步发展，旅游产业的深度和广度将会得到进一步推进。

### 2.提高人们的生活品质

随着人们生活水平的提高和学校办学条件的改善，研学旅行逐渐被提上教育教学的日程。研学机构不能为了吸引学生和家长，仅仅以性价比来衡量项目的好坏，而应按照更高的标准建设更多高质量的研学旅行基地（营地）。传统的景区也在升级改造，这些措施对提高旅游服务质量，实现旅游多元化发展起到了推动作用，当地居民生活品质也会得到提升。为了更好地开展研学旅行活动，一些景区需要完善安全保障措施，营造安全的参观氛围，以增强游客的体验感。

## 五、研学旅行的原则

### （一）教育性原则

研学旅行是一门综合实践课程，教育性是其突出的特点，在进行课程设计的过程中要充分结合学生身心特点、接受能力和实际需要，针对不同年龄段的学生设计研学旅行课程，将学习研究和旅行体验有机结合在一起。教育性原则要求研学旅行在设计的过程中体现知识性、趣味性，以生动直观、形象有趣的方式增强学生的现场操作体验，进而实现教育目标。研学旅行的活动内容，要联系社会发展、联系学生生活实际、联系学科教学内容，推动中小学生自主、多样、可持续发展。例如，在研学旅行活动中，教师应要求学生注意语言文明，不讲脏话、不大声喧哗；注重行为文明，不追逐打闹、不损坏公共财物。

根据《国家中长期教育改革和发展规划纲要（2010—2020 年）》和《中共中央关于全面深化改革若干重大问题的决定》的要求以及中国教育现状可以认为，教育应当率先追求中国梦。中国梦是国家梦想、民族梦想，"教育梦"是中国梦的重要组成部分，是实现"两个一百年"奋斗目标和中华民族伟大复兴的中国梦。教育是先导和基石，在从教育大国迈向教育强国的过程中，"教育梦"发挥着引领作用。

例如，某研学机构在研学旅行活动中设计了"独立小课堂"环节。脱离父母独立生活，可以帮助孩子更好地了解自我和世界的关系，提早建立世界观，培养劳动意识、良好的时间管理能力、独立生活能力。营员进入营地后，导师们会在各个环节引导营员们更加独立，制定小组契约及营地公约，包括制作个人物品清点记录表、共同探讨如何预防丢三落四以及如果遗失个人物品怎么办、如何处理人际关系、开展每日活动小结等。在确保安全、健康的情况下，导师们会鼓励家长放手让孩子们去成长，以充分调动孩子的主观能动性，培养孩子的独立思考力、判断力与解决问题的能力。

### （二）实践性原则

研学旅行要充分体现实践性原则，在真实的环境中引导学生亲近自然、了解社会发展现状、体验日常生活、接触各地文化、探知未知领域等。研学旅行作为中小学必备课程，要体现当地的特色，利用当地特色资源开展研学旅行活动，引导学生走出校园，在日常生活环境中拓宽视野、获得真实体验，不断提升学习效率、丰富知识储备。

研学旅行是落实《基础教育课程改革纲要（试行）》的有力举措。新一轮基础教育课程改革要求，在小学至高中阶段，学校要设置综合实践活动课程，以实践性为主导，力求在真实的场景中开展研学实践。研究性学习、社区服务与社会实践以及劳动与技术教育、职业技术课程的教学任务是让学生走出课堂、走出学校，而研学旅行可以有效完成这一教学任务。

例如，某研学旅行机构组织的一次研学旅行活动十分注重实践性，通过实践活动提升了学生的综合素质。

（1）享受乐趣：研学旅行基地（营地）是制造快乐的"工厂"。基地（营地）日间会为营员提供多种多样的活动，其多样化设备、活动种类和玩伴都是在家庭乃至学校中难以获得的；夜间会举办全营参与的特殊活动，如体育联赛、嘉年华、篝火晚会等。

（2）提高体育、艺术思维能力：研学旅行基地（营地）给学生提供了良好的机会，既可以提高已掌握的技能，也可以向陌生领域挑战，学习新技能。

（3）学会独立：学生会在研学旅行活动中变得外向，从某种程度上减少对父母的依赖；也会变得更喜欢独立探索新事物，更自信地设定、实现重要目标并解决问题。

（4）交朋友和发展社交技能：学生会学习更好地与他人相处，并获得独立解决和挑战新社交问题的自信。与经验或者智商相比，情商是社交技能更好的预测指标。

（5）体验全新的自然环境：当下学生接触大自然的机会越来越少，虚拟世界虽然有电子技术带来的诸多便利，但对很多孩子而言，虚拟世界遮蔽了自然界的魅力。研学旅行基地（营地）会给孩子提供富有创造性、娱乐性和教育性的野外集体生活体验，可以教会孩子尊重自然，培养他们对大自然的好奇心。

（三）安全性原则

研学旅行必须坚持安全第一的原则。对中小学生来说，安全无小事，在外出研学的过程中可能会遇到各种类型的安全问题，因此学校需要做好预防性工作，做到防患于未然。包括行前计划制订、行中行程实践、行后总结评价在内的各个环节都要以安全为首要任务，安全预防方案制定得越详细越好，研学旅行参与者和实施者都要时刻树立安全意识，建立规范化的安全保障机制，对研学线路的安全性进行全面评估，做到有备无患。在研学旅行活动开展之前，学校要对全体参与人员进行身体健康摸排，对身体不适、不适合参加户外研学的学生做好针对性的工作，避免这部分学生参加研学旅行活动出现意外情况。为了更好地做好安全问题预防工作，研学旅行活动前要准备前期预案和应急备案，活动中应该按照预案安排好足够的安全人员进行纪律维护，活动后应评估安全问题并加以完善。每个环节中的安全问题都不能忽视，包括出行安全、食宿安全、研学环境安全及自然环境安全。总之，学校或研学机构要在各个环节做好安全工作，防患于未然，避免出现安全问题。在出行中也要做好安全工作，例如让学生穿防滑鞋，为晕车的同学准备好晕车药，不吃三无食品和不洁净的食物，坚持集体用餐，禁止在饭馆买零食，禁止带手机等贵重物品。

（四）公益性原则

公益性原则是指，研学旅行活动不得开展以营利为目的的经营性创收，对贫困家庭学生要减免费用。研学旅行是现代中小学实践教育的重要构成部分，具有教育普惠性，是公益性的事业。组织研学旅行活动的社会企业，要以实践教学为目的，为学生设置优惠政策，对参加研学旅行活动的学生只收取成本费用，而且收费项目和标准要经过当地税务部门和物价部门核准。学校不得开展营利性的研学旅行活动，要为学生参加研学旅行活动提供便利条件，要对一些家庭贫困的学生给予帮助。各级政府要对本辖区内家庭困难的学生给予一定的补助，推广普及阶段要将研学旅行费用纳入公用专项经费。

公益性活动不由教育系统来承接，也不由公益组织来承接，而是由专门的第三方机构，即专门从事公益事业的机构来承接。这类公益性组织往往专注于某一主题的公益活动组织，比如保护生态环境主题、保护野生动物主题等。

# 第二节 研学旅行基础理论

## 一、体验式学习理论

体验式学习理论起源于英国。1982 年，心理学博士马丁·汤姆森在研究中发现，通常情况下的学习活动超过一百多种，为了取得更好的教学效果，需要对每个活动进行特定的培训设计，让学生在真实环境中进行体验，进而激发学习潜能。目前，体验式学习已经在全球范围内得到广泛使用。体验式学习是一种以学习者为中心的学习方式，这种学习方式将实践与反思结合在一起，从而更好地获得期望的知识、技能。体验式学习紧密围绕特定的培训项目，将学习知识点转化为活动性的体验，学习团队必须在规定的时间内完成相关任务，在体验活动开展的过程中对发生的现象进行深入反思，领悟其中的原理并且应用到实践中。体验式学习理论具有以下特点：

（一）以学习者为中心

任何知识的习得都要以学习者的主动接受为前提，在学习的过程中将学习者置于从属地位是一种错误的方式，这样会导致学习者的学习效果不佳。体验式学习让学习者成为真正的主角，积极引导学习者自主学习，确保其中心地位，这样才能够激发学习者的学习欲望，显著提升学习效果。

（二）在体验中学习

体验式学习的核心在于切实感知。通过特定的情境设定，学习者能够参与到活动中；通过特定的体验活动，学习者可以实现知识获取，从实践中学习，从情境中感知。这种学习方式与传统的课堂教学截然不同，它改变了以往教学中的师生关系，学生在学习中处于主体地位，教师则起引导作用。

（三）具有不确定性

传统教育教学中，学习内容通常由教师提前设计好，所要传递的知识或技能是明确的，学习结果能够被提前预知。而体验式学习的过程充满了不确定性，在全新的环境状态下，会发生全新的事情，学生会在这种环境下形成新的想法，因此最终的学习过程和结果都具有不确定性。

（四）注重学习的过程

教学理念不同，教学结果也会不一样。以往的教学理念注重的是学习结果，对学生的评价也是通过结果来衡量的，对学习过程关注度不高。实践证明，这种教学理念已经难以适应时代发展。体验式学习并不设定特定的目标，关注的是学生的学习过程，对学生的评价也以过程性评价为主。

## 二、体验式学习的发展历程

### （一）国外体验式学习

二十世纪二三十年代，美国著名实用主义教育家杜威在研究中发现，学校教育中存在过于关注间接经验的问题，而且教育的方法是"填鸭式"的，这种教学方式无法实现学生自我潜能的激发。他认为，传统的课堂教学往往将前人的知识通过教师授课进行传递，以教师为中心，学生处于从属的被动位置，学生对于社会活动的重要性认识不足。为了使学生能够获得终生难忘的知识，牢固掌握知识技能，学校应该设置一些事情让学生去做，而不仅仅是让学生在课堂中静听、默读。杜威是第一个提出体验式学习相关概念的人，他的体验式理论可以用"直接经验+反思"来概括。

杜威之后的人本主义代表罗杰斯认为，学习分为认知学习和体验式学习两种方式，体验式学习就是个性化的转变和成长，这种教育的优势在于能够满足学生的学习需求、激发学生的学习欲望。体验式学习在罗杰斯这里变成了"直接经验+情景体验"，具备四个典型特征，即个性化参与、学习动机内发、学习者的自我评价、对学习者产生渗透性影响。

库尔特·勒温是拓扑心理学创始人，他创立了群体动力理论，将体验式学习理论由教育学领域、心理学领域拓展到了社会学领域和培训领域中。他认为，人的内在心理、外在行为取决于内部需要和外部环境的相互作用，为了更好地测定人的内在心理和外在行为，必然要了解完成这一行为的内在心理力场和外在的心理力场两种情境因素。一般来说，当人的需求没有得到满足，就会产生内部力场张力，环境会起导火索的作用。心理力场的理论公式为 $B=f(P \cdot E)$，其中 $B$ 代表行为，$P$ 代表个人，$E$ 代表环境，$f$ 代表函数。之后，勒温及其后继者不断启发人们如何从内在的角度思考和观察，研究群体行为产生和发展的规律；主张要从群体成员间的关系乃至整个群体氛围中把握群体行为变化的过程；使个体、群体、社会"三位一体"的关系逐渐得到认识；促进了小群体研究重点的转化；在心理学与社会学之间架起了一座桥梁。基于这些研究出现了实验室培训法和培训小组，勒温及其后继者的研究被称为二十世纪最有潜力的教育创新之一。

瑞士发展心理学家和发生认识论者让·皮亚杰认为，教育是在特定的环境下实现的，他描述了在经验中智力是如何形成的。皮亚杰认为，经验、观念、反思和行动是构成人类的连续发展的思维的四个基本要素。从幼儿到成人期，思维的发展经历了从具体感知到抽象思维转变的过程，以及从积极的自我中心到反思性的内化学习模式。学习的过程之所以能够发生和发展，是因为个体与环境会相互作用，这种作用呈现周而复始的状态。

美国社会心理学家大卫·库伯是体验式学习的集大成者，他总结了前人的研究与经验，于 20 世纪 80 年代提出了一个理论——经验学习圈理论（Experiential learning circle theory）。库伯认为，经验学习的过程是由四个环节构成的，包含了具体经验、反思性观察、抽象概念化及主动实践；四个环节构成了一个环形。具体经验是指学习者完全投入一种新的体验中；反思性观察是指学习者能够对经历的体验进行思考；抽象概念化是指学习者要达到的能理解所观察内容的程度，并且吸收它们，使之成为合乎逻辑的概念；到了主动实践阶段，学习者要验证这些概念并将它们运用到制定策略、解决问题中。

德国人库尔特·哈恩被称为"户外拓展之父"，他希望创造一种环境，让人们不必通过真实的艰险处境以及自我怀疑、厌倦、受嘲笑等经历，就能领悟和发现真理，从而认识自己、了解他人。1941 年，哈恩在英国威尔士的阿德伯威成立了一所海上生存训练学校，利用一些自然资源和人工设施，让年轻海员尝试做一些对心理富有挑战性的项目和活动，以此来培养海员的坚定意志和强健的体魄，从而提升海员在恶劣环境下的生存能力。这是一所真正意义上的体验式培训学校，为日后拓展训练发展奠定了基础，学员在学校能够体验海上、山谷、沙漠等环境，在现实环境中得到生活体验。如今，海上生存训练学校持续发展，在发展过程中始终秉承哈恩的基本理念，就是在自然环境中应对挑战，从而获得深刻的体验，这种体验能够帮助年轻海员建立起对个人价值的实际认知。以小组模式开展认知体验活动，可以激励小组成员相互帮助、相互协调，时刻关心处于困境和危险中的人并提供力所能及的帮助。如今，OB 国际组织(Outward Bound International Inc，OBI)下属的户外拓展学校（Outward Bound School，OBS）已经遍布全球五大洲，共有 40 多所分校，亚洲地区的新加坡最早建立了 OB 学校，此后中国香港地区、日本部分城市也先后引进了体验式教育模式。

（二）中国体验式学习

体验式学习起源于西方，但我国在长期的发展中也有一些体验式学习理念和模式。例如，孔子说"不观高崖，何以知巅坠之患；不临深泉，何以知没溺之患；不观巨海，何以知风波之患"；宋代的朱熹说"知之愈明，则行之愈笃；行之愈笃，则知之益明"。体验式学习作为一种理念，在现实中得到了极大的应用和推广。历史上与体验式学习定义最为接近的是明代心学大师王阳明提出的"知行合一"。"知行合一"理念倡导，知识的学习要在结合实践的基础上才能够进行；"知"是知识、是习得，"行"是行为、是体验；要在体验中学习，要使知识和实践相辅相成、互为统一。

我国真正意义上开始倡导体验式学习的第一人是陶行知先生。陶行知自幼有教育救国的远大理想。赴美留学期间，陶行知向杜威、孟禄、克伯屈等美国教育家学习，深入研究教育问题，探索符合中国实际需求的教学方式、方法。在杜威等人的影响下，陶行知先生在研究西方教育思想的基础上，结合中国国情，提出了"生活即教育""社会即学校""教学做合一"等教育理论。这些理念是体验式学习的直接体现，是对中国传统教育的继承、创新和发展。1927 年，陶行知先生创办了晓庄试验乡村学校，将其教育理念应用到实践中。陶行知先生的教育理念与杜威等人的教学理念既相同，又有一定的差异，他充分考虑了本国的实际情况，以国民特点为前提，对教学进行了创新和改革，强调实践教育在教书育人中的重要性，为我国体验式学习提供了丰富而宝贵的经验。

20 世纪 90 年代初期，随着改革开放的推进，教育领域也发生了一些变化。当时就职于中国共产党中央委员会组织部培训中心的刘力，在国外接触并了解了当时已经发展了几十年的体验式学习，并尝试在国内通过管理培训中心培训项目的方式进行体验式学习实验，这是将体验式学习应用到国内的典型案例。1994 年，刘力创办了国内第一所专业的体验式培训机构——北京拓展训练学校，将体验式培训产品命名为拓展训练，还将拓展训练清晰地归入培训行业，以提升团队质量、激发个人潜力为核心目的。

从中国体验式学习发展状况来看，众多教学者在不同的时期，不断探索体验式学习教学方法，以提升学生的综合实践能力为目标，结合国情开展体验式教学实践活动，不断提升人才培养质量。近年来，国内体验式学习进入快速发展的阶段，新的理论和教学方法不断被应用到现实中，取得了意想不到的效果。

## 三、项目式学习理论

项目式学习是一种动态的学习方法。学生能够利用项目式学习主动探索现实世界中遇到的问题和挑战，并在这个过程中学习知识和技能。项目式学习是一种以学生为中心的教学方法，教师为学生提供一些关键信息、构建真实的环境，学生则通过组建团队的方式在这个环境中解决开放式的问题，以此来实现学习目标。项目式学习过程并不关注学生是否可以通过一个既定的方法来解决问题，而是更加关注学生在试图解决问题的过程中所展现出来的技巧和能力。这些技巧和能力包含了如何获取知识,如何有效制订计划,如何对项目进行全面、有效的控制及如何加强小组合作与沟通。

实施项目式学习的关键在于,一是要有能够引发活动的问题和难题,二是要让学生主动创造出一个成果来回答问题或者解决问题。为了训练学生团队协作能力,项目式学习一般是在学习小组中进行,学生在这个小组中各自扮演不同的角色,而且角色不断变换,学生通过自己的思考和推理来解决问题。通常情况下,项目式学习包含了七个构成部分:弄清概念、定义问题、头脑风暴、构建和假设、学习目标、独立学习和概括总结。在项目式学习中,学生处于主体位置,教师起辅助性作用。教师要为学生学习的开展提供支持、建议和指导,以此来帮助学生更好地完成学习任务。在项目式学习中,要想实现学习效果的提升,教师要帮助学生建立接受难题的自信心,鼓励学生积极参与,在必要的时候帮助学生理解问题;同时,项目式学习需要教师有更多的准备时间和材料来指导各个小组的学习。

美国中小学广泛采取项目式学习方法,更好地锻炼了学生的创造能力、团队协作能力、动手能力以及领导力、执行力。在项目的选择中,中小学生能够更为深入地面对和解决现实中遇到的问题,项目式学习方法对于提升学生综合能力起到了不可替代的作用。在实施过程中,要分阶段进行课堂小组检测反馈,这样能够有效促进组内互助,提高学生课堂学习效率;要引导学生根据生活中所遇到的实际问题,利用学习资源主动学习新的知识,并且将新知识应用到实践中,逐步提升学生自主学习的能力。

# 第二章 研学旅行的现状及其发展前景

## 第一节 研学旅行的现状

现阶段全国范围内，从事研学旅行相关的企业达 1.3 万家以上，2010—2019 年的十年间，我国研学旅行企业注册数量逐年增加，2010—2015 年年均注册量在 220 家左右，2016 年之后研学旅行企业注册量呈现快速增长的趋势，尤其是 2019 年注册数量超过了 6 000 多家。国内研学旅行市场规模已经超过了 200 亿元，并且市场规模还在不断扩大。

研学旅行的育人作用不断强化，未来 3 至 5 年内研学旅行的学校参与率将迅速提升，市场总体规模将不断扩大。据 2019 年 3 月教育部教育发展研究中心针对研学旅行研究所发布的《全国中小学生研学旅行状况调查报告》显示，国内研学旅行的学校参与率呈显著增长态势，2017 年全国学校参与率平均为 37.62%，其中上海参与率最高，达到 66.2%。从 2017 年到 2018 年，教育部在中央专项彩票公益金的支持下，在国家有关基地主管部门和各省级教育行政部门推荐基础上，经专家评议和营地实地核查及综合评定，分两批在全国遴选、命名了 621 个研学实践教育基地和营地，构建起以营地为枢纽、基地为站点的全国研学实践教育体系，并建立了全国中小学生研学实践教育网络平台。

随着研学旅行市场不断扩容，从事研学旅行的企业数量也不断增加。截至 2022 年 10 月末，全国中小学生研学实践教育基地超过 2 000 个，全国中小学生研学实践教育营地超过 500 个，主要参与研学旅行业务的企业已达 30 000 多家。

全国中小学生研学实践教育营地在 2019 年的座谈研讨会中强调，研学实践教育是贯彻落实中华人民共和国国务院（以下简称"国务院"）决策部署的重要举措，是教育部等 11 个部门共同推动落实的中小学生校外教育活动，是教育部和中华人民共和国财政部利用中央专项彩票公益金联合组织实施的重点项目。会议明确，国家将进一步加大研学实践教育工作力度，在政策制定、经费保障、师资建设、标准研制、规范管理等方面加快工作推进；加强研学实践教育宣传力度，将育人效果好、社会影响大的好经验、好做法及时宣传报道，共同推动研学实践教育的可持续发展。

## 第二节 研学旅行存在的问题

### 一、课程建设相对薄弱

研学旅行是一门课程，具有教育功能。作为一门综合课程，研学旅行课程定位、教育教学目标不明确的问题比较突出，一些研学机构在组织研学旅行活动的过程中，并没有根据学生身心特点和认知规律开发满足不同年龄段需求的研学课程，活动内容单一、形式大于内容的问题比较普遍，导致效果不佳。课程内容浅层化的现象比较常见，一些研学机构设计的研学旅行课程内容只是组织学生集体参观，走马观花式的研学内容占较大比重，没有将研究性学习和深度体验有机结合在一起。研学旅行在教学组织形式方面，缺乏校内外课程的有效衔接，组织形式单一，没有形成跨学科的综合实践教学育人体系，对学生集体意识的培养、问题解决能力的锻炼都起不到应有的作用。

当前，很多旅游机构转型进入研学旅行市场，不少旅游公司中从事开发研学旅行产品的人员是非教育类相关专业出身，这也致使部分研学旅行产品缺乏应有的教育意义。面对研学旅行快速发展的风口，尤其是研学旅行相关政策落地催生了市场份额的增加，众多企业进入研学旅行市场，研学旅行服务、品牌的角逐更加激烈。市场玩家众多，旅行社、教育机构、咨询机构以及一些非营利组织都争相挤占研学旅行市场，这些机构良莠不齐、高度分散、竞争激烈。很多从事研学旅行的机构并没有足够的能力开展研学旅行课程开发工作，而是借鉴已经成熟的课程，将这些课程进行调整之后变成本机构的课程。

## 二、管理服务等标准缺失

研学旅行具有公益性,《关于推进中小学生研学旅行的意见》已经发布多年,要求从事研学旅行的机构不能以营利为目的,但是现阶段还没有明确的收费标准,学校、基(营)地是否可以收费以及收费多少都还没有明确的标准和依据。目前有关基(营)地方面的管理标准也处于缺失状态,准入标准、运营管理制度、经费使用等方面还没有形成统一标准,即使一些标准被纳入基(营)地,在中小学生研学旅行的管理方面也处于认识模糊的状态。从市场的发展情况来看,很多中小学开展研学旅行活动都会通过委托旅行社的方式进行,而在实施的过程中缺乏对旅行社的遴选标准,甚至一些没有资质的旅行社也会参与到研学旅行中,导致研学旅行的效果大打折扣。

## 三、保障机制不够健全

安全无小事,小事见安全。研学旅行活动要强调安全的重要性,安全是研学旅行的首要原则。研学旅行是集体性的活动,在活动中有大量学生集体外出,饮食、住宿、交通等各个环节随时可能出现意外情况,因此对各个环节要进行全面的管控,形成一整套安全管理机制,避免出现意外情况,将安全管理保障细化到每一个环节,防患于未然。从经营保障费用方面来看,中小学生研学旅行活动作为公益性的教育活动,任何参与者和实施者都不能以营利为目的创造收益,从事研学旅行业务的机构需要一定的经费作为发展保障,但现阶段针对从事研学旅行业务机构的保障机制还在建设和完善中。在发展的过程中,如何处理好研学旅行公益性与基(营)地等参与机构的高品质发展之间的关系是需要破解的难题。研学旅行保障机制涉及众多参与单位,任何一个环节出现问题都会影响研学旅行活动顺利开展,现阶段还有很多保障机制工作有待完善和细化。

## 四、评价方式单一

在传统课堂结束教学之后,教师会对学生的学习效果进行检验,通常采用考试的方式进行考核评价,其主要目的在于分析学生能否在学习过程中得到锻炼和提高。现代意义上的教学评价随着时代教学发展需求而不断改进和丰富,研学旅行课程也要做好评价工作。但是从目前研学旅行发展现状来看,教学评价方式单一的问题比较突出。与传统教学不同的是,研学旅行评价既要做好总结性评价,也要做好过程性评价,而一些研学机构采用的评价方式仅仅评估学生在研学旅行中能否学习实践知识。主动结果性评价认为,将课本理论知识与研学旅行的实践知识融合在一起就可以取得良好的教学效果。这种评价方式的单一性非常明显。由于学生的接受能力和思考问题的角度具有差异性,研学旅行所关注的重点也应该有所区别,如果只以学生能否有效地将知识融合在一起作为评价标准,显然一些学生的能力很难真正发挥出来。研学旅行的主要目的在于培养学生的综合能力和素质,研学旅行教学内容的选择和安排都要建立在实践教学需求的基础上,评价方式单一化将导致无法准确衡量学生的能力,学生的学习积极性也难以很好地发挥出来。

## 五、研学旅行目标不明确

教学活动具有目标性,研学旅行活动也有自身的目标。研学旅行的目的在于通过研学实践教学来提升学生的综合能力,科学有效的研学旅行目标设计非常重要,是指引实践教学有效实施的积极方式。从目前实施效果来看,还存在研学旅行目标不明确的问题,很多情况下研学旅行的教学比较随意。一些学校在开展研学旅行活动时,其活动缺乏标准和指引,教师一味地认为学生走出课堂就可以学习实践知识,这种错误的思想观念直接导致了教学效果不佳,甚至有的学校借助研学旅行的名义组织集体旅游。研学旅行将教育与旅游融合在一起,主要目的是通过适当的旅游活动来实现学生能力的提升和思想认知的变化,改变长期以来课堂教学所形成的教学质量不高的问题,其侧重点仍然在日常教学。有学校认为研学旅行是一种单纯的旅游活动,在这种思想观念下所进行的研学旅行活动缺乏相应的目标指引,教学效果将会受到一定的影响,实际的指导作用也很难发挥出来。

## 六、研学旅行人才缺乏

行业发展离不开人才,研学旅行行业也需要大量的高素质专业人才,高素质研学旅行指导师队伍的建立对于提高研学旅行效果将会起到事半功倍的效果。国内开展真正意义上的研学旅行的时间比较晚，高素质研学旅行指导师缺乏的问题比较普遍。数据显示，2020 年全国共有义务教育阶段学校 21.08 万所，招生 3 440.19 万人，在校生 1.56 亿人；高中阶段共有学校 2.44 万所，招生 1504 万人，在校生 4 127 多万人。粗略估算，2020 年全国中小学在校生数量约为 2 亿。当前每年参加研学旅行活动的学生数量虽然只有在校学生的一部分，但是所占比重逐年增加。参加研学旅行学生人数的增加，意味着研学旅行指导师的数量也要增长。研学旅行课程主要是通过在校教师的参与来实现的，能够在一定程度上满足学生发展的需求，虽然在校教师在教学上有丰富经验，但并不一定能够胜任校外研学旅行活动的指导工作。校外研学旅行活动不仅涉及课程知识，而且涵盖了衣食住行等环节，对研学老师的能力要求非常高。现阶段，很多中小学教师对研学旅行的认知并不是很深入，导致研学旅行开展受阻，需要对这部分教师进行专业化的培训。

一些开展研学旅行业务的旅行社会安排导游人员从事研学工作，虽然导游人员有丰富的带团经验，对衣食住行各项工作非常熟悉，但是他们对中小学课程体系并不是非常清楚，难以胜任课程教学工作。缺乏专业的研学旅行人才，将导致一些优质的教学资源和教学方法在研学旅行中难以发挥作用。研学旅行人才缺乏的问题将会持续一段时间，需要多方面的参与和改革，通过多种途径加强人才培养。一些地方旅游业发展相对滞后，尚未形成具有一定规模和影响力的旅行基（营）地，可以通过建设一批独具特色的研学旅行基（营）地推动旅游业发展。

教师是保证研学旅行育人质量的关键因素，只有真正建立一支具有专业素养的研学旅行教师团队，才能确保研学旅行育人效果。研学旅行课程活动的开展需要在专业人员的参与下才能够完成。研学旅行师资培训还处于起步阶段，全国范围内统一的研学旅行师资培训是在 2020 年开始实施的第三批"1+X"职业技能证书培训，其中第一批研学旅行策划与管理职业技能等级培训在 2020 年年底才完成。缺乏从事研学旅行活动的专业师资队伍，在一定程度上会导致研学旅行课程质量不高，使学生综合技能培养达不到应有的要求。如何更为有效地提升研学旅行师资队伍水平，是当前研学旅行发展中亟待解决的现实问题。

## 七、没有做到以学生为主体

任何教学活动的开展都要建立在学生发展需求的基础之上，研学旅行也要坚持以学生为主体，不断提高学生的能力和素养。研学旅行活动开展的过程中，存在不遵循学生发展需求的问题，一些学校为了完成教学任务盲目开展研学旅行，在内容选择方面缺乏针对性，脱离实践现状；一些研学机构设置的研学旅行课程活动也没有做到以学生为主体。学生个性具有多样化特点，教师在日常的教学中要以学生为主体，做好学生需求分析。很多学校和教师并没有考虑学生需求的实际情况，以学生为本的研学旅行方式没有建立起来。部分学校只是为了完成日常教学任务而开展研学旅行工作，这种错误的思想认知所带来的直接影响就是，虽然相关的研学旅行方式已经建立起来，但是实施效果并不太好，学生的需求无法在研学旅行中得到满足。一些研学机构并不具备开展研学旅行活动的资格，师资条件达不到要求，但是为了获取利益，这些研学机构会盲目组织研学旅行活动，导致研学旅行活动质量不高。

## 八、组织安排不合理

由于学生集体外出活动安全保障要求高、经费筹集困难、组织协调难度大，导致近年来部分中小学校的春游、夏令营等传统外出集体活动日益减少，而新型研学旅行尚处于试点初期，有效衔接存在困难。学校集体参与研学旅行是一个客观的现实条件，实践已经表明，合理组织安全的研学旅行活动能够起到事半功倍的效果。在实施中，一些学校和教师对组织安排工作不熟悉，课程活动任务安排与研学旅行主题关联度不高，研学时间过短等问题比较常见，很容易导致研学旅行开展不顺利的问题出现。即使开展了研学旅行，活动任务与内容的安排没有融入课堂教学，实践与理论相互脱节的问题比较明显，既浪费了人力、物力，又浪费了资源。在这种安排下，学生自身的能力很难得到提高，也可能造成知识传输的混乱，在教学中难以形成有效的合力。市场中，一些研学机构盲目追求规模效益，力求在短时间内接待大量参加研学旅行的学生，在组织安排方面不尽如人意。例如，某研学机构为了节约住宿成本，安排五六名小学生住在一个标间，很容易出现管理混乱等问题。

# 第三节 研学旅行的发展前景

研学旅行被纳入教学计划，中小学研学旅行逐渐成为刚需，未来 3～5 年研学旅行的学校渗透率会迅速提升。单从我国 K12 教育体系来看，目前我国幼儿园至十二年级阶段人口有 1.8 亿，其中研学、夏令营比例在 5%左右，近 1 000 万人，研学业务每年增长速度超过 100%，三年内适龄人口渗透度有望达到 10%以上。

在一线城市，家长更看重研学旅行项目的综合教育意义，家长关注研学旅行组织的细节和流程；青睐深入的、沉浸式的文化和生活体验；注重目的地选择，错开像伦敦、纽约这样的大城市，选择国外的乡村生活式的游学项目；具有非一次性消费趋势，回购行为明显，低龄化趋势显现。在二、三线城市，家长更看重游学项目的功能性，聚焦在一些硬性指标上，如能去几个地方、参观多少景点、进行多少名校探访等，多数家长会选择前往大城市。

从行业发展角度来看，研学旅行机构需要一定数量的相关专业人才作为支撑和保障。现阶段主要是以旅行社为主，通过导游人员开展研学旅行活动，人才的专业性比较薄弱，无法真正意义上从事研学旅行活动。未来几年，不断增长的适龄青少年人口将为研学旅行和营地教育发展带来巨大市场需求，2019 年之后，我国 3～16 岁人群规模持续增长，整体规模将保持在 2.3 亿人以上（如图 2-1 所示）。

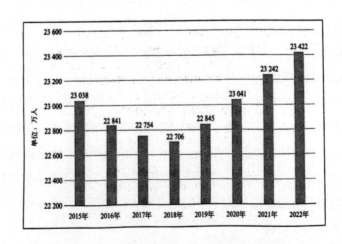

图 2-1 2015—2022 年 3～16 岁人口数量及预测

　　作为旅游市场的一个分支，研学旅行占据了非常重要的地位，虽然国内研学旅行发展较晚，但是发展非常迅速。未来 5 年，我国研学旅行的市场规模可以达到千亿元级别，市场空间巨大。面对庞大的市场规模和发展潜力，众多旅行组织、教育中介组织以及不同的社会组织纷纷介入研学旅行市场。庞大的人口数量需要专业的研学旅行人才作为支撑和保障，研学旅行人才紧缺的局面会得到缓解。保守地讲，全国研学旅行指导师人才缺口在 20 万人以上，开设应用型研学旅行管理与服务专业实为急切之举，意义重大。行业的发展越来越规范化，从事研学旅行工作的人员要具备研学旅行策划与管理职业技能等级证书。

　　从人才培养角度来看，2019 年教育部批准设立研学旅行管理与服务专业，该专业在 2020 年全国首届招生。研学旅行策划与管理（EEPM）职业技能等级证书目前申报人数将近 18 万。截至 2021 年，全国共有 81 所高职院校在该专业招生。最近两年研学旅行人才专业化培养趋势越发明显，研学旅行服务与管理专业已经在 2021 年全国高职院校新增专业排行榜靠前的位置（见表 2-1）。

表 2-1 研学旅行管理与服务专业开设院校数量

单位：所

| 2020 年开设院校数量 | 2021 年开设院校数量 | 新增数量 |
|---|---|---|
| 33 | 81 | 48 |

　　从近两年的统计数据来看，研学旅行服务与管理专业招生数量不断增长。例如，2021 年郑州旅游职业学院招收 2 个班，共 80 名学生；浙江旅游职业学院招收 2 个班，共 80 名学生；江西旅游商贸职业学院研学专业招收 2 个班，共 87 名学生；三峡旅游职业技术学院招收 2 个班，共 96 名学生；杭州科技职业技术学院招收 2 个班，共 100 名学生；湄洲湾职业技术学院 2020 年招收 2 个班共 93 人，2021 年招生 100 余人。

　　除高职院校开设研学旅行管理与服务专业之外，专业硕士教育也在进行这样的专业领域方向人才培养探索。例如，华南师范大学旅游管理学院旅游管理专业硕士（MTA）2022 招生简章中标明，专业型旅游管理（MTA）共分为四个方向，包括研学旅行与旅游教育创新、款待业运营与服务管理、旅游目的地规划与运营管理、会展经济与管理，其中研学旅行与旅游教育创新为新增设的招生方向。专业人才培养能够为研学旅行发展提供充足的人才，随着人才培养模式的不断完善，我国研学旅行高素质人才队伍将会建设得更加科学、合理。

从政策角度来看，2021 年 7 月 24 日，中共中央办公厅、国务院办公厅印发《关于进一步减轻义务教育阶段学生作业负担和校外培训负担的意见》。"双减政策"使许多专业教育培训机构把重心由课程培训转向研学业务，进而产生"鲶鱼效应"，倒逼整个行业转型升级，对研学旅行行业产生重大影响。研学旅行活动可以提高青少年身心健康水平，是现代教育的重要组成部分。在消费多元化以及需求升级的时代背景下，研学旅行将会呈现出多元化、立体化、创新化的发展趋势。

从研学旅行发展趋势来看，研学旅行基（营）地硬件要求不断提升，高品质、高质量的大型综合性基（营）地（1 000～2 000 人以上）在很长一段时间内都将是稀缺资源。稳定的、高素质的、大批量的基（营）地指导师以及研学旅行指导师人才培养及管理，将给基（营）地从业者提出新挑战。中国特色的、本地化的基（营）地教育课程和研学旅行课程仍然需要进一步研究、完善。千人以上的基（营）地运营将是常态，高素质的管理人才将是稀缺资源，基（营）地产品消费将趋于理性。普惠地、质优价平的基（营）地课程产品将成为常态需求，高端精品特色基（营）地课程产品相对于平价基（营）地产品将趋于小众。

# 第三章 研学旅行指导师的素质与要求

## 第一节 研学旅行指导师概述

### 一、研学旅行指导师的定义

研学旅行有别于常规形式的课堂教学，它既是行走的动态课程，又是跨学科的生成式课程。因此，带领学生进行研学旅行活动的师资质量就显得特别重要。可以说，师资质量的高低，是决定研学旅行教育活动成功与否的关键。

在研学旅行师资的队伍中，研学旅行指导师的质量至关重要。那么，该如何解读"研学旅行指导师"的概念？2019年中国旅行社协会发布了《研学旅行指导师（中小学）专业标准》（T/CATS001—2019）。该标准作为目前全国唯一的研学旅行团体标准，明确了研学旅行指导师的定义。同年，中华人民共和国文化和旅游部人才中心发布的《研学旅行指导师职业能力等级评价标准》也采用该定义。

研学旅行指导师是指在研学旅行过程中，策划、制定或实施研学旅行课程方案，组织和指导中小学生开展各类研究性学习和体验活动的专业技术人员。

研学旅行指导师的具体内涵可以从以下角度来解读：从工作流程看，该定义涵盖了研学旅行的行前工作（策划和制定课程方案）、行中工作（实施课程方案）、行后工作（评价总结课程方案）；从角色功能看，该定义指明了研学旅行指导师是研学课程的策划者、组织者和实施者；从职业需求看，研学旅行指导师不是一个传统的职业岗位，而是一个新兴职业，是既懂教育，又懂旅游的跨行业复合型专业人才。

《研学旅行指导师（中小学）专业标准》（T/CATS001—2019）旨在规范和引导研学旅行指导师队伍的健康发展，提出了行业对合格研学旅行指导师专业素养的基本要求，是研学旅行指导师实施研学旅行教育活动的基本规范，是引领研学旅行指导师专业发展的基本准则，是研学旅行指导师培养、准入、培训、考核等工作的重要依据。

## 二、研学旅行指导师的内涵辨析

（一）研学旅行师资队伍

从目前研学旅行实践来看，研学旅行活动的师资构成是多层面组合体，研学旅行师资队伍主要由以下几类人员构成：

**1.学校总负责人和研学承办机构的总领队**

学校总负责人一般是由学校副校长来担任，研学承办机构的总领队多是由企业的主管经理担任。他们主要负责研学旅行的组织工作，发挥总协调的作用。

**2.学校老师**

学校老师是研学旅行实施过程中落实具体工作的重要成员，主要负责协助学生队伍的管理，落实各个环节的安排。

**3.承办方人员**

承办方人员主要是指旅行社（研学服务机构）派遣的全陪导游、地陪导游以及景区、场馆的讲解员，或是基（营）地专业的教师、教练以及科研场所特聘的授课教师等人员。

**4.安全员**

安全员主要是指负责安全的人员或随队医生，他们在研学旅行活动过程中负责安全保障工作。

**5.家长志愿者**

在某些特殊情况下，学校老师也会邀请家长志愿者以辅助老师的身份参与研学旅行活动。

从教学设计角度来看，研学旅行过程中所说的研学旅行指导师其实是一个群体师资的概念，研学旅行活动必须由一群密切配合、各司其职的人员共同完成；但是从具体的"岗位或人员"的角度出发，研学旅行指导师是独立的岗位，承担着明确的岗位职责。

《研学旅行服务规范》（LB/T054—2016）规定：在主办方人员配置中，"应至少派出一人作为主办方代表，负责督导研学旅行活动按计划开展"，"每20位学生宜配置一名带队老师,带队老师全程带领学生参与研学旅行各项活动";在承办方人员配置中,"应为研学旅行活动配置一名项目组长,项目组长全程随团活动,负责统筹协调研学旅行各项工作","应至少为每个研学旅行团队配置一名安全员,安全员在研学旅行过程中随团开展安全教育和防控工作","应至少为每个研学旅行团队配置一名研学导师,研学导师负责制定研学旅行教育工作计划,在带队老师、导游员等工作人员的配合下提供研学旅行教育服务","应至少为每个研学旅行团队配置一名导游人员,导游人员负责提供导游服务,并配合相关工作人员提供研学旅行教育服务和生活保障服务"。

由此可见,该规范将"研学导师"作为一个独立岗位,区别于主办方的带队老师、承办方的项目组长、安全员和导游人员。

### (二)研学旅行指导师和研学导师

"研学导师"的名称来自《研学旅行服务规范》(LB/T054—2016),本书采用了"研学旅行指导师"这一名称,"导师"与"指导师"虽一字之差,但准确度却不同。《现代汉语词典》(第7版)对"导师"的解释有两种:一是高等学校或研究机关中指导他人学习、进修、写作论文的教师或研究人员;二是在大事业、大运动中指示方向、掌握政策的人。《现代汉语词典》(第7版)对"指导"的解释是指示教导、指点引导。那些离开校园、前往各地开展研学旅行活动的学生,需要的帮助正是对其研究性学习的指点与引导。因此,从研学旅行教育活动的客观实践出发,用"指导"会更加切合和准确,再结合文件规定的"研学旅行"这一专有名词,新岗位的名称可确定为"研学旅行指导师"。如果再根据接待对象进行细分,本书所述的"研学旅行指导师"还可以称为"中小学研学旅行指导师",简称"研学旅行指导师"。

## 三、研学旅行指导师与其他类似岗位的异同

### (一)研学旅行指导师与导游的异同

导游是指依法取得导游证,接受旅行社委派,为旅游者提供向导、讲解及相关旅游服务的人员。在目前的归类中,固定在各大旅游景区内提供导游服务的景点讲解员,也属于导游的范畴。

从资格认定来看,导游必须在参加全国导游人员资格考试且成绩合格,与旅行社签

订劳动合同或者在旅游行业进行注册，取得导游证并接受旅行社的委派之后才能从业。而目前研学旅行指导师取得证书主要是通过行业培训，经测试合格后获得行业认证，并在主办方或承办方的聘用下方可执业。但从职业发展要求看，一名研学旅行指导师应同时取得导游证。

从工作职责来看，导游的主要职责是在旅游活动中进行导游讲解、旅行生活服务，以及解决旅途中出现的问题。而研学旅行指导师不仅要履行导游职责，而且还要会策划、制定和实施研学旅行课程方案，在研学旅行过程中要组织和指导中小学生开展各类研究学习和体验活动。研学旅行指导师的工作重心不仅是讲解知识和提供生活服务，还包括教学设计、学习指导和安全管理等内容。

从服务对象来看，导游接待的游客是不做区域、年龄、身份等方面的区分的，而研学旅行指导师的服务对象是中小学生。

研学旅行指导师与导游有着高度的相似性。首先，二者的工作环境都是以校外社会真实场景为主；其次，二者都要求在室外工作环境中具备很强的组织能力、应变能力、语言表达能力等实操技能；再次，二者都要求有"广博兼有所专"的文化知识储备；最后，二者的主要职责都是保障整个活动安全、顺利进行。

## （二）研学旅行指导师与中小学教师的异同

教师是履行教育教学职责的专业人员，担负着教书育人、培养社会主义建设者和接班人、提高国民素质的使命。

从资格认定来看，中小学教师必须具备规定的学历，报考国家教师资格证考试，有教育教学能力并认定合格，才可以取得教师资格证书；而研学旅行指导师的证书目前还是技能证书，不是国家准入的资格证书。但从职业发展的要求来看，研学旅行指导师应取得国家教师资格证书。

从工作内容来看，中小学教师从事的主要是学校教育，工作内容主要是对学生进行学科理论教学；而研学旅行指导师从事的主要是校外教育，工作内容主要是通过带领学生进行探索、体验、活动、研究性学习等方式来完成综合实践课程教学。

从工作场所来看，中小学教师的工作场所主要是校内，而研学旅行指导师的工作场所主要是校外。

研学旅行指导师与中小学教师也有相同之处。首先，二者进行的都是教学活动，具有"为人师"的性质；其次，二者的服务对象相同，都是学生；最后，二者都需要具备必要的教学资质和培训技能，保证学生学习目标的完成和活动的安全、顺利进行。

### （三）研学旅行指导师与基（营）地教练的异同

《现代汉语词典》（第7版）对"教练"有两个解释：一个是动词，表示"训练别人，使掌握某种技术或动作（如体育运动和驾驶汽车、飞机等）"；另一个是名词，意为"从事上述工作的人员，如健身教练、足球教练等"。本书所指的"教练"是指凭着一技之长接受应聘，在一些基（营）地或旅游景区从事拓展训练等相关工作的人员。

从资格认定来看，基（营）地教练需要教练员本人在各项单独技能上进行认证，认证主管单位各有不同。而研学旅行指导师的认证目前主要是在旅游行业。

从工作职能来看，基（营）地教练强调技能上对成员的指导作用，而研学旅行指导师强调的是在整个研学旅行活动过程中对学生的引导和启发作用。

从工作范围来看，基（营）地教练从事的工作大多是研学旅行活动环节中的某项具体教学，而研学旅行指导师所要负责的则是从课程设计到落实，再到后期评价的整个教学过程。

从工作场所来看，基（营）地教练的工作场所以基（营）地为主，比较固定；而研学旅行指导师的工作场所则是随着研学旅行活动地点的变化而变化的。

从服务对象来看，基（营）地教练的服务对象是不做区域、年龄、身份等方面的区分的，而研学旅行指导师的服务对象就是中小学生。

研学旅行指导师与基（营）地教练也不乏相同之处。首先，二者都是在校外以实践、体验的方式来进行教学的；其次，二者都承担一定程度的教育职责，有着与教师相似的责任；最后，由于教学情况复杂，二者都需要有很强的活动组织能力、安全防范能力与事故处理能力。

## 四、研学旅行指导师的分类

目前，研学旅行指导师这一职业在我国尚处于不断形成并不断规范的阶段。由于这一职业涉及面广、服务范围大、专业要求高，因此可以从不同维度对其进行分类。

## （一）按委派主体进行分类

按照委派主体的不同，可将研学旅行指导师分为以下四种类型：

### 1.学校研学旅行指导师

学校研学旅行指导师，是指按照规定取得研学旅行指导师证书，接受学校委派，代表校方实施研学旅行课程方案，为研学旅行活动提供专业服务并具备教师资格的人员。此类人员大多由在校的教师组成，是学校实施综合实践课程的主要成员。

### 2.旅行社研学旅行指导师

旅行社研学旅行指导师是指按照规定取得研学旅行指导师证书，接受符合《研学旅行服务规范》（LB/T054—2016）所规定的旅行社委派，代表旅行社实施研学旅行课程方案，为研学旅行活动提供专业服务，并具备导游资格的人。

若根据各旅行社所承担的分工不同再进一步细分，旅行社指导师还可分为：组团社研学旅行指导师，是指接受组团社委派而开展工作的研学旅行指导师；地接社研学旅行指导师，是指接受地接社委派而开展工作的研学旅行指导师。受旅行社团队服务的专业化和成本因素影响，导游与研学旅行指导师合二为一的趋势越来越明显。

### 3.基（营）地研学旅行指导师

基（营）地研学旅行指导师，是指按照规定取得研学旅行指导师证书，接受各级主管部门认定的研学实践教育基（营）地的委派，代表基（营）地实施研学旅行课程方案，为研学旅行活动提供专业服务的人员。

### 4.其他类型研学旅行指导师

其他类型研学旅行指导师，是指按照规定取得研学旅行指导师证书，接受第三方研学服务机构（包括旅游景区、博物馆、图书馆、科技馆、少年宫、研究所等研学资源单位，教育、文化、培训等研学服务机构）的委派，实施研学旅行课程方案，为研学旅行活动提供专业服务的人员。

## （二）按就业方式进行分类

按照就业方式的不同，可将研学旅行指导师分为以下两种类型：

### 1.专职研学旅行指导师

专职研学旅行指导师是指按照规定取得研学旅行指导师证书，被学校、研学服务机构或研学资源单位正式聘用，签订劳动合同，以研学旅行教育工作为主要职业的从业人员。这类人员大多受过高等教育和专门训练，大部分具有导游资格证书或教师资格证书等专业证书，是学校、研学服务机构、研学资源单位、旅行社或基（营）地的正式员工。

**2.兼职研学旅行指导师**

兼职研学旅行指导师指平时不以研学旅行指导师工作为主要职业，而是利用业余时间，被学校、研学服务机构或研学资源单位临时聘用并委派从事研学旅行教育工作的人员。目前这类人员可细分为两种：一种是被学校、研学服务机构、研学资源单位、旅行社或基（营）地等临时聘用，按照规定取得研学旅行指导师证书，但只是兼职从事研学旅行教育工作的人员。另一种是被学校、研学服务机构、研学资源单位、旅行社或基（营）地等临时聘用，没有取得研学旅行指导师证书，但具有特定知识或技能，并临时从事研学旅行教育工作的人员，如科研机构的专家学者、文化遗产地的非遗传承人、民间民俗艺人等。他们是研学旅行师资队伍的重要补充，往往可以深入讲授和指导研学旅行课程，有力地保证了研学旅行课程的高品质实施。

## （三）按技能等级进行分类

随着研学旅行教育活动在全国各地不断深化并展开，为规范研学旅行指导师职业的发展，根据国家职业技能等级要求、《研学旅行指导师职业能力等级评价标准》、《研学旅行指导师（中小学）专业标准》（T/CATS001—2019）及《研学旅行指导师国家职业标准》（征求意见稿）的规定，我国从专业技能水平角度将研学旅行指导师由低到高分成"四级（中级工）、三级（高级工）、二级（技师）、一级（高级技师）"四个级别，具体判断依据见《研学旅行指导师国家职业标准》（征求意见稿）。

# 第二节 研学旅行指导师的基本素质

## 一、职业理想

### （一）职业理想概述

职业理想是指人们在职业上依据社会要求和个人条件，通过想象而确立的奋斗目标，即个人渴望达到的职业境界。它是人们实现个人生活理想、道德理想和社会理想的手段，并受社会理想的制约。

职业理想是人们对职业活动和职业成就的超前反应，与人的价值观、世界观、人生观、职业期待、职业目标密切相关。

社会主义职业精神所提倡的职业理想主张各行各业的从业者放眼社会利益，努力做好本职工作，全心全意为人民服务、为社会主义服务，这种职业理想是社会主义职业精神的灵魂。一般来说，从业者对职业的要求包括三个方面，即维持生活、自我完善和服务社会。

### （二）研学旅行指导师职业理想的要求

#### 1.职业理想应符合实际

研学旅行指导师确立职业理想必须以个人能力为依据，应结合职业要求和自身的客观条件正确地评估自己，合理地给自己的职业进行定位，不能好高骛远。

#### 2.职业理想应符合社会需要

一般认为，当个人的能力、职业理想与职业岗位达到最佳结合时，即三者实现有机统一时，这个职业才是个人的理想职业。研学旅行指导师的职业理想应符合社会需要。研学旅行指导师通过个人的不断努力，将会实现自己的职业理想，成为一名优秀的研学旅行指导师，使自己的职业变成理想职业。

#### 3.研学旅行指导师要有崇高的职业理想追求

由于旅游行业具有一定的敏感性，极易受到外界各种经济、社会环境的影响，而研学旅行作为国家基础教育的一部分，事关千千万万个青少年儿童的成长，因此研学旅行指导师这一职业在安全性、适当性、竞争性等方面都对从业人员有着极高的要求。研学旅行指导师必须具有正确的价值观和强烈的责任感，要有崇高的职业理想追求，并肩负起神圣的教育使命。

## 二、职业责任

### （一）职业责任概述

职业责任是指人们在一定职业活动中所承担的特定职责，它包括人们应该做的工作和应该承担的义务。职业活动是人一生中最基本的社会活动，职业责任是由社会分工决定的，是职业活动的中心，也是构成特定职业的基础，往往通过政策或法律形式加以确定和维护。职业责任包括职业团体责任和从业者个体责任两个方面。

### （二）研学旅行指导师的职业责任

研学旅行指导师的职业责任，包括负责与研学旅行相关的企业的团体责任和从事研学旅行的从业者的个体责任两方面。

旅行社、研学基（营）地等作为负责研学旅行的相关企业，承担一定的团体责任，主要包括社会责任、法律责任、教育责任及安全责任等。由于研学旅行具备中小学教育的一部分职能，是我国基础教育的重要组成部分，因此研学旅行的组织方和承办方在社会、法律、教育、安全等方面都承担着重要的责任。同理，研学旅行指导师是研学旅行中最重要的角色之一，既承担指导教师、监督管理员的职责，又肩负导游、教练与组织服务者的重任。作为个体，研学旅行指导师同样需要履行相应的职业操守，承担一定的职业责任。

## 三、职业态度

### （一）职业态度概述

职业态度是指个人对所从事职业的看法及其在行为举止方面所反映的倾向。

一般情况下，职业态度的选择与确立，与个人对职业价值的认识有关。职业态度易受主观因素（如心境、健康状况）和客观环境因素（如工作条件、人际关系、管理措施等）的直接影响而发生变化。肯定的、积极的职业态度促进人们去钻研技术、掌握技能、提高工作能力。职业态度的形成与发展是受人们对相关职业知识的吸收、职业需求的满足、所属群体的期待、从职业实践中获得的体验等因素影响而产生的综合结果。影响职业态度形成的因素主要包括以下四个方面：

### 1.自我因素

自我因素包括个人的兴趣、能力、抱负、价值观、自我期望等。自我因素是在个人成长过程中一点一滴逐渐积累形成的，多与个人的成长背景相关。个人若能对各项自我因素有深入的了解，将有利于了解哪种职业比较适合自己，有助于个人做出明确的职业选择。个人在选择职业时所表现出来的态度，也是对个人兴趣、能力、抱负、价值观、自我期望的一种反映。

### 2.职业因素

职业因素包括职业市场的需求、职业的薪资待遇、工作环境、发展机会等。个人对职业世界的认识越深，就越能够掌握正确的职业信息，也越能够获得比较切合实际的职业选择。相反地，对职业认识有限的人，无法做出正确的职业选择。因此，个人对职业的认知会影响其职业态度。

### 3.家庭因素

家庭因素包括家庭的社会地位、父母期望、家庭背景等。不论父母的学历高低、社会地位如何，大多数父母都希望自己的子女能拥有比自己更高的学历，从事比自己更有发展前途的工作。因此，在进行职业选择时，家人的意见通常会影响个人的职业态度。

### 4.社会因素

社会因素包括同事关系、社会地位、社会期望等。在职业发展的过程中，个人的最终目标是在其职业生涯上有所成就，有更多的人希望自己能成为社会中有身份、有地位的人。因此，社会因素通常也会影响个人的职业态度。

## （二）研学旅行指导师职业态度的表现

研学旅行指导师应保持以下职业态度：

### 1.热情

与服务行业一样，研学旅行属于非生产劳动，是一种通过提供一定的劳务活动或服务产品，创造具有特定使用价值的劳动。但是研学旅行又不是一项简单的服务，因为它的服务对象是可塑性和模仿能力都特别强的中小学生，所以需要研学旅行指导师在研学旅行活动中表现出热烈、积极、主动、友好的情感或态度来引导学生，用热情来感染学生，从而营造出和谐的研学氛围，进而推动学生积极、主动地完成各项研学任务，实现预期的研学目标。

### 2.勤奋

"勤"在《现代汉语词典》（第7版）中被解释为"尽力多做或不断地做"，而"奋"被解释为"鼓起劲来"。唐代著名诗人韩愈说过："书山有路勤为径，学海无涯苦作舟。"他告诉人们在读书、学习的道路上没有捷径可走，没有顺风船可驶，想要在广博的书山、学海中汲取更多、更广的知识，勤奋是必不可少的。研学旅行指导师在研学旅行的道路上也没有捷径可走，只有勤奋地工作，做好"五勤"（脑勤、眼勤、嘴勤、手勤、腿勤），才能引导学生在研学旅行活动中保持勤奋，使学生在研学旅行中有较大的收获。

### 3.敬业

敬业属于道德的范畴，意指个人专心地致力于自己的工作，是个人对自己所从事工作负责任的态度，也是社会对人们从业的基本要求。从事教育行业的研学旅行指导师应该具备崇高的敬业精神：热爱研学旅行指导师事业，忠于职守，持之以恒；有强烈的事业心，尽职尽责，全心全意为学生服务；有进取意识，不断创新，精益求精，忘我工作。

### 4.忠诚

忠诚是指个人对国家、对人民、对事业、对上级、对朋友等尽心尽力，代表诚信、守信的品质。在我国传统道德观念中，忠诚是衡量人品的一个重要标准。研学旅行指导师要忠诚于教育事业，忠诚于旅游业，常怀感恩之心，坚守职业良心，像爱家人一样爱护学生。

### 5.进取

一位优秀的研学旅行指导师不是天生的，而是在后天的不断学习中成长起来的。拥有进取心是研学旅行指导师做好工作的最基本条件，也是其能够稳步发展的必要条件。研学旅行指导师是复合型、全能型人才，他们既要具备导游人员的带团、控团能力，讲解员的写作、讲解能力，又要具备教师的课程设计能力、教学能力和职业素养；不仅要因地制宜，在研学旅行活动现场把学生组织好；还要因材施教，对不同学龄段的学生进行有效引导。这就要求他们要严谨治学、勤于进取，保持永恒的进取心。

### 6.协作

协作是指在研学旅行课程实施过程中，部门与部门之间、个人与个人之间的协调与配合。每一场研学旅行活动，都需要依赖一定数量的服务团队，通过协作把个人的力量联结成集体的力量有助于实现预期目标。研学旅行中有研究性学习、体验、讲解、集体生活、参观活动等多种活动形式，工作内容涉及行程安排、安全管理、餐饮住宿、课程设置等，这些都要求研学旅行指导师与团队其他人精诚合作、步调一致，共同完成研学旅行实践教育。

# 四、职业道德

## （一）职业道德概述

职业道德是指从事一定社会职业的人们在履行其职责的过程中，理应遵循的道德规范和行业行为规范。

由于从事某种特定职业的人们有共同的劳动方式，经历过共同的职业训练，因而往往具有相似的职业兴趣、态度、爱好、心理习惯和行为方式，这些内容形成特殊的职业责任和职业纪律，从而产生特殊的行为规范和准则，即职业道德。

## （二）研学旅行指导师职业道德概述

### 1.研学旅行指导师职业道德的内容

研学旅行指导师职业道德主要有以下几个方面的内容：

（1）爱国守法，恪尽职守

爱国守法是社会主义公民应遵守的基本道德规范。爱国守法主要是指爱国主义和遵纪守法，强调公民应培养高尚的爱国主义精神，自觉地学法、懂法、用法、守法和护法。研学旅行指导师要在爱国的前提下，遵守国家的法律、法规，不得有违背党和国家方针政策的言行，应全面贯彻国家教育方针，自觉遵守教育法律法规，依法履行教师职责。

（2）教书育人，关爱学生

研学旅行指导师要遵循教育规律，实施素质教育，因材施教；要关心爱护学生，尊重学生人格，平等、公正地对待学生；要对学生严慈相济，做学生的良师益友；要保障学生安全，关心学生健康，维护学生权益；不讽刺、挖苦、歧视学生，不体罚或变相体罚学生；要一切为学生着想，维护学生的合法权益，尊重与满足学生的合理要求。

（3）为人师表，以身作则

研学旅行指导师应坚守高尚情操，严于律己，以身作则；要严格要求自己，注重言传身教，如遵守社会公德、衣着整洁得体、语言规范健康、举止文明礼貌、作风正派等。研学旅行指导师只有不断提高自我修养，做到以身作则，才能真正为人师表。

（4）立德树人，传承文化

研学旅行是加强学生中华优秀传统文化教育、培育和践行社会主义核心价值观、落实立德树人根本任务的有效途径。因此，研学旅行指导师要在学生宝贵的研学旅行过程中，有意识地传播中华优秀传统文化和社会主义核心价值观，通过具体的场景和实例来帮助学生坚定"四个自信"，让学生真正地感受祖国的伟大，从而实现在学校无法取得的教育效果。

（5）身心健康，积极向上

研学旅行指导师的工作既是一项高智能的脑力劳动，也是一项非常艰苦的体力劳动；研学旅行指导师必须要有强壮的身体和健康的心理，才能完成这项工作。研学旅行指导师带领一定数量的中小学生进行研究性学习，往往承担很大的精神压力，如果研学旅行指导师不懂得自我调适，化解或分散各种心理情绪，就很容易产生各种问题，影响工作的顺利开展。因此，研学旅行指导师要不断学习，提高自己的思想觉悟和工作技能，培养坚定的意志和积极、乐观的心态，与学生一起成长。

（6）言行一致，诚实守信

"言必信，行必果。"言行一致、诚实守信是中华民族的优良传统，也是一个人立足社会与人交往、取得他人信任的通行证，能反映一个人的素质和修养。在研学旅行活动过程中，研学旅行指导师务必做到重诺守信，踏踏实实地做好每件事，并对自己所做的事负责，教导学生诚实守信。

（7）团结协作，顾全大局

团结协作、顾全大局是集体主义观念在研学旅行工作中的具体表现，它要求研学旅行指导师在服务、参与的过程中必须以国家和集体利益为重，讲团结、顾大局，要能够处理好与他人之间的关系，杜绝相互指责的现象发生。

（8）意志坚定，沉着冷静

意志坚定、沉着冷静是研学旅行指导师必备的重要素质之一。研学旅行过程中可能遇到各种问题，研学旅行指导师在面对困难时应沉着应对，冷静思考后做出恰当的处理。

（9）文明礼貌，仪容端庄

文明礼貌、仪容端庄是研学旅行指导师在工作过程中必须具备的基本职业素养。研学旅行指导师不但要尊重每个学生的生活习惯、宗教信仰、民族风俗等，还要注重自己的仪容仪表，要穿着得体、妆容适度、举止大方、行为文明，为学生做出表率。

（10）耐心细致，优质服务

耐心细致、优质服务是对研学旅行指导师提出的一项重要的职业要求，是衡量研学旅行指导师工作态度的一项标准。研学旅行指导师对待学生应耐心、细心、热心，应尽最大努力帮助学生解决遇到的问题。研学旅行指导师在工作过程中必须时刻保持为学生提供优质服务的意识。

### 2.研学旅行指导师职业道德的作用

研学旅行指导师职业道德是道德功能在研学旅行职业范围内的具体表现。它对研学教育事业的发展，对相关从业人员素质的提高，以及对社会良好风气的形成，都有着重要的作用。研学旅行指导师职业道德的主要作用如下：

第一，职业道德是研学旅行指导师实现角色认同的前提。这种角色既代表了学校和社会对研学旅行指导师个体在整个研学旅行行业中的定位，同时也包含了社会各界对研学旅行指导师个人表现的行为模式的期望；既包括他人对研学旅行指导师行为的期待，也包括研学旅行指导师对自身应有行为的认知。研学旅行指导师的职业道德是实现这种角色认同的基础。

第二，职业道德是研学旅行指导师敬业乐教、发展成长的内在动力。职业道德是社会各界对研学旅行指导师的道德品质和职业行为的基本要求。研学旅行指导师需要将这些外在规定内化为职业使命，从而为专业发展提供精神动力。研学旅行活动过程中，学生们将经常接触研学旅行指导师的工作状态，容易受到潜移默化的影响，因此研学旅行指导师自身必须树立正确的价值观，养成良好的道德习惯，成为学生的榜样，起到正面的示范作用；研学旅行指导师还需要不断更新自己的教育理念，探究更适合学生的教育方式。

第三，职业道德是研学旅行指导师进行职业交往、解决利益冲突和矛盾的重要准则。在研学旅行活动过程中，研学旅行指导师需要与其他教师、安全员、学生、旅行社、酒店、车队、研学基（营）地等多方主体进行沟通。研学旅行指导师在落实研学旅行活动的过程中要与各方人员打交道，应对各种突发状况，化解各种矛盾冲突，以确保活动顺利、有序、有效地开展。研学旅行指导师在处理与他人、集体的利益关系时如何把握原则，需要职业道德的约束。职业道德不仅是研学旅行指导师专业发展的动力，更有助于研学旅行指导师明晰研学旅行教育的价值和意义。

## 五、职业要求

### （一）研学旅行指导师的形象要求

作为一种体验式教育，研学旅行是学生们喜欢的一种学习方式。在整个研学旅行活动过程中，研学旅行指导师承担着言传身教、引导育人的光荣职责。塑造良好的职业形象，为参与研学旅行课程的学生树立一个值得学习的榜样，是研学旅行指导师实施好课程的第一步。从职业形象上来说，研学旅行指导师不经意间的举手投足、衣着发式等都有可能成为学生学习的对象，所以必须高度重视。专业、亲切的职业形象能有效拉近研学旅行指导师和学生之间的距离，有助于建立一种新型的师生关系，从而在潜移默化中使学生学到人际交往的知识，为走出校门后顺利融入社会奠定良好的基础。

#### 1.仪容要求

仪容主要是指人的外观容貌，由发式、面容及人体所有未被服饰遮掩的肌肤构成。在研学旅行活动中，首先引起学生注意的是研学旅行指导师的仪容，它反映了研学旅行指导师的精神面貌，是传递给学生视觉感官最直接、最生动的第一信息，是形成"第一印象"的基础。容貌固然有先天的成分，帅气或美丽的容颜容易为研学旅行指导师在学生面前赢得很好的印象分。不过，对于绝大多数从事研学旅行指导师工作的人员来说，仪容上的魅力，更多的是来自后天的职业与专业的个人形象。具体来说，研学旅行指导师的仪容除了应达到对于教师的要求外，还应特别注意以下几点：

（1）保持面容清爽，男士应剃须，女士可化淡妆。

（2）勤洗发、勤理发，不染发，发型应大方利落。

（3）保持口腔、鼻腔的卫生，勤刷牙漱口，防止口腔异味。

（4）不留长指甲，不涂深色指甲油，切忌标新立异。

2.仪表要求

仪表，即人的外表，包括容貌、姿态、风度等，在此主要是指一个人外表的穿着装扮。在研学旅行活动中，研学旅行指导师的仪表往往能体现其专业程度和职业态度。一般来说，研学旅行指导师在衣着打扮上，首先应该符合工作需要，方便研学实践课程的开展。其次，应考虑形象需要，身为实践课的教师，在学生面前应时刻具备"为人师表"的意识，体现在服饰上，就需要有一定的严谨性。最后，再考虑美观、适用的需要。既然服饰体现了一个人的修养，那么穿着打扮在符合职业身份的基础上，也可以适当地体现个人对美的追求以及服饰与工作的适用性。具体来说，研学旅行指导师在仪表方面应注意以下几点：

（1）如有统一的工作服，则在上岗时应按照规定统一着装，工号标志应佩戴在左胸合适位置。若无统一服装，则着装宜端庄大方、洁净整齐，符合课程开展的需要。

（2）除了大众化的品牌，一般不建议穿着过于奢侈的名牌服装，不佩戴与工作无关的装饰品。

（3）切忌穿款式过露、材质过透、显得过紧的服装。夏天男士不穿无袖背心、短裤、拖鞋，女士不穿吊带衫、短裙和拖鞋。如果穿的是长袖长裤，那么在上岗时，一般不宜卷起衣袖和裤管。

（4）在室外场地开展活动时，不应佩戴墨镜或变色镜，确保与学生用眼神进行有效的沟通和交流。

（5）鞋子与袜子都应适于户外活动，保持清洁、无破损。

3.仪态要求

仪态，泛指通过人的身体所呈现出来的各种姿势，主要包括站姿、坐姿、走姿、手势和表情神态等。研学旅行指导师在工作中所展示出来的仪态，不但可以体现其职业修养，更能透露其内在的文化修养和精神品质。研学旅行指导师应该时时、处处注意个人仪态，通过言传身教的方式，在学生面前做好榜样。优雅自信的姿态、充满亲和力的神情、充满力量的举止，都能在悄无声息中滋润学生的心田。具体来说，研学旅行指导师在仪态方面应注意以下几点：

（1）上岗后应当保持饱满的精神状态，开朗亲切、稳重自信，切忌哈欠连天、萎靡不振。

（2）站姿应挺拔，身体端正，挺胸收腹；双臂自然下垂，不可将双臂抱在胸前或叉在腰间；切忌随意晃动身体、肩摆腿摇，注意不要有各种习惯性的小动作。

（3）坐姿宜端庄，不可斜躺或后靠椅背；双腿与肩同宽自然放置，不可张开过大，也不可跷二郎腿。

（4）行姿应落落大方，步调宜轻盈稳健，切忌双手斜插裤兜，身体在行进中不可左摇右晃。

（5）用眼神与学生进行交流时，要注意以环视或虚视的目光，有意识地顾及在场的每一位学生，切忌只盯着一个人看，或对某一个人全身上下乱扫；目光应当热情友善，最好能配以脸部的微笑。

（6）在指导研学旅行活动过程中，研学旅行指导师的肢体动作应有力，但不可过猛，肢体语言应恰当，如使用手势时切忌用单指指人，宜用平摊的手掌指示。

**4.语言要求**

语言是研学旅行指导师与学生进行思想交流，向学生传播文化知识，引导学生有序开展研学旅行活动的重要工具。首先，每一位研学旅行指导师都应当练好语言表达这一基本功，尤其是口头语言的表达方式，这种表达方式适用于中小学生这一群体，表达既要条理清晰、逻辑分明、富有节奏感，也要力争生动形象、深入浅出、晓畅易懂。其次，研学旅行活动独特的教学环境决定了研学旅行指导师与学生之间会有更多的互动，这就要求研学旅行指导师能巧妙地运用语言艺术，在研学旅行活动开展过程中灵活地应对各种情境，主动引导话题。最后，为了缩小与学生之间的代沟，研学旅行指导师应当保持开放的心态，积极了解学生群体的话语体系，以便更好地开展研学教育工作。总之，语言是塑造研学旅行指导师个人形象的重要载体，需要研学旅行指导师时刻有"为人师表"的意识，规范自身的用语习惯。具体来说，应注意以下几点：

（1）由于研学旅行活动开展的环境各不相同，研学旅行指导师应根据现场具体环境，灵活调整音量，做到声音饱满有力量，一般以所有学生能听清楚为准。

（2）语速应当适中，语调应亲切，语气应有温度，要灵活把握语言的节奏感。

（3）口齿要清晰，表达应连贯，句意应集中，避免东拉西扯、含糊不清。

（4）普通话规范，用语适当，禁止使用粗俗的口头禅，不得发表错误观点和不良信息，不得出现损害国家利益、社会公共利益或违背社会公序良俗的语言。

## （二）研学旅行指导师的专业知识要求

研学旅行指导师在研学旅行实践中起着至关重要的作用，不仅要负责中小学生在研学旅行过程中的教育及安全，还要照顾好学生的旅行生活，解决各种问题，提升学生的自理能力和实践能力，促进他们全面发展。研学旅行指导师在研学旅行过程中的角色绝不仅仅是知识的传递者，还是中小学生的支持者、合作者、引导者。因此，研学旅行指导师掌握旅行、教育、安全、法律等相关的专业知识，是完成研学旅行教育教学目标、落实研学旅行课程方案的基础。

**1.研学旅行知识**

（1）研学旅行餐饮知识

按照《研学旅行服务规范》（LB/T054—2016）的要求，研学旅行机构应以食品卫生安全为前提选择餐饮服务提供方。因此，研学旅行指导师应该了解并熟知餐饮的基本常识；提前落实用餐的地点、时间、人数、标准及要求，并一一进行核实和确认；同时还要了解用餐地点的停车位情况、用餐饭店所在的楼层、安全出入口数量及位置和餐厅洗手间的位置等。

研学旅行指导师要了解包括营养学基础、食品营养学和食品卫生学在内的常识，了解食品中的基本营养成分、特殊活性成分和有毒有害成分，具体包括营养素与能量、食品的消化与吸收、膳食营养与健康、特定人群的营养、公共营养、各类食品的营养保健特性、食品的营养强化、功能（保健）食品、食品污染及其预防、食物中毒及其预防、食品安全与卫生管理等。研学旅行指导师还要给餐厅合理建议，进行膳食搭配，监控餐饮卫生安全情况。例如，四季豆一定要炒熟，尽量避免有鱼刺的菜等。

（2）研学旅行住宿知识

研学旅行指导师应该了解研学旅行住宿要求的知识，可以按照《研学旅行服务规范》（LB/T054-2016）提出的要求执行，即"应以安全、卫生和舒适为基本要求，提前对住宿营地进行实地考察"。

在研学旅行住宿方面，研学旅行指导师应注意以下一些事项：住宿地应便于集中管理；应方便承运汽车安全进出、停靠；应有健全的公共信息导向标识，并符合《标志用公共信息图形符号》（GB/T10001.5-2006）的要求；应有安全逃生通道；应提前将住宿地相关信息告知学生和家长，以便学生和家长做好相关准备工作；应详细告知学生入住注意事项，宣讲住宿安全知识，带领学生熟悉逃生通道；应在学生入住后及时进行首次查房，帮助学生熟悉房间设施，解决相关问题；特别安排男、女学生分区（片）住宿，女生片区管理员应为女性；应完善住宿安全管理制度，开展巡查、夜查工作；此外，露营地住宿应符合《休闲露营地建设与服务规范》（GB/T31710-2015）的要求；应在实地考察的基础上，对露营地进行安全评估，并充分评估露营接待条件、周边环境和可能发生的自然灾害对学生造成的影响；应确定露营安全防控专项措施，加强值班、巡查和夜查等工作。另外，研学旅行指导师还需掌握逃生自救知识、户外露营地相关知识。如果研学旅行活动涉及在外露营住宿，研学旅行指导师还要掌握露营地的选择、帐篷的搭建等技巧。

（3）研学旅行交通知识

按照《研学旅行服务规范》（LB/T054-2016）要求，研学旅行机构应该根据研学旅行的路程选择好交通出行工具，研学旅行指导师要熟记无论选择什么样的交通工具，都要以"预防为主，安全第一"为原则。

根据《研学旅行服务规范》（LB/T054-2016）规定，研学旅行指导师应熟知下列研学旅行中的交通常识和规定：

①单次路程在 400 千米以上的，不宜选择汽车，应优先选择铁路、航空等交通方式。

②选择水运交通方式的，水运交通工具应符合《水路客运服务质量要求》（GB/T16890-2008）的要求，不宜选择木船、划艇、快艇等交通方式。

③选择汽车客运交通方式的，行驶道路不宜低于省级公路等级，驾驶人连续驾车不得超过 2 小时，停车休息时间不得少于 20 分钟。

④应提前告知学生及家长相关交通信息，以便其掌握乘坐交通工具的类型、时间、地点以及需准备的有关证件。

⑤宜提前与相应交通部门取得工作联系，组织绿色通道或开辟专门的候车、乘车区域，特别是铁路交通。

⑥应加强交通服务环节的安全防范，向学生宣讲交通安全知识和紧急疏散要求，组织学生安全、有序乘坐交通工具。

⑦应在承运全程随机开展安全巡查工作，并在学生上、下交通工具时清点人数，防范出现滞留或走失现象。

⑧遇到恶劣天气时，应认真研判安全风险，及时调整研学旅行的行程和交通方式。

⑨要了解交通的各种求救、应急电话号码，如交通报警电话 122、全国高速公路救援统一报警电话 12122、铁路服务电话 12306 等。

（4）研学旅行游览观光知识

研学旅行又被称为"行走的课堂"，但这不是出来"走马观花"，学校和家长更希望通过旅行体验，帮助学生获取知识，领略旅行目的地、基（营）地的各种地质、生物及景观风光，了解不同类型文化知识。研学旅行指导师应结合中小学的地理、生物、科技及历史等学科知识，引导学生感受大自然的神奇、宇宙中的奥妙；通过设置博物馆的研学旅行活动，了解中国上下五千年的文化；通过开展红色旅游基地的研学旅行活动，发扬艰苦朴素的精神。

为了让学生开阔视野，使学生的劳动和体验能达到最佳结合，研学旅行指导师应针对不同年级、不同年龄的学生，在行前认真备课、精心设计，做好充分的教学准备；还应当掌握旅游审美知识、中国文化发展知识、中国宗教艺术知识、中国文物相关知识、旅游景观知识等。

（5）研学旅行文娱体验知识

研学文娱体验项目是研学旅行活动中必备的类型之一，文娱体验项目种类繁多、形式多样，既有丰富多彩的体育拓展训练，又有形式各异的爱国主义教育、文化娱乐及越野宿营等户外活动。

中小学生无论参加什么样的研学文娱体验项目，研学旅行指导师都要保障学生在安全的前提下进行。一般在学生开展体验前，研学旅行指导师一定要开好说明会，并对项目的知识性、趣味性、安全性等进行着重讲述。研学旅行指导师要始终在项目体验过程中做好巡视、解答工作，以确保研学文娱体验项目顺利、安全地进行。

**2.通识教育与基础教育知识**

（1）通识教育知识

通识教育通过向学生展示人文、艺术、社会科学、自然科学和工程技术等领域知识及其演化流变、陈述阐发、分析范式和价值表达，帮助学生扩大知识面，构建合理的知识结构，强化思维的批判性和独立性，进而转"识"成"智"，提升学生的洞察、选择、整合、迁移和集成创新能力，尤其是提升学生有效思考的能力、清晰沟通的能力、做出明确判断的能力和辨别一般性价值的能力。

通识教育知识体系包括科学大类、哲学大类、经济学大类、法学大类、历史大类、中华传统文化大类、生理心理大类、艺术大类、文学大类、当代技能大类等，甚至包括生活、厨艺、商业、健身等。研学旅行指导师要不断完善自身的通识教育知识体系，然后在研学旅行活动过程中帮助学生接受通识教育，这有利于学生建立相对完善的知识体系，并能对日后接受的新知识进行独立思考。

通识教育特别强调对学生实践能力的培养，实际上是实现素质教育的有效方式之一。通识教育贯彻"博学与精专相统一的个性化素质教育"原则，分解成哲学社会科学素养、人文素养、自然科学与技术素养、美学艺术素养、实践能力素养五大模块。学校可以结合实际情况，开发不同主题的研学旅行活动，鼓励学生结合自己的实际水平跨学科、跨专业地自由选择研学旅行活动，充分发展个性，努力做到博学多识；鼓励学生从难、从严、从实际出发选择研学旅行活动，从而增强学生的学习主动性，全面提高学生素质。

（2）中小学课程知识

2001 年教育部印发《基础教育课程改革纲要（试行）》，2022 年 3 月 25 日教育部印发了《义务教育课程方案（2022 年版）》以及 16 个义务教育学科课程标准。新修订的义务教育课程标准立足世界教育改革前沿，描绘了中国未来十年乃至更长时间义务教育阶段学校的育人蓝图。其改革重点主要体现在以下三个方面：一是强调素养导向，注重培育学生终身发展和适应社会发展所需要的核心素养，特别是在真实情境中解决问题的能力，基于核心素养确立课程目标，遴选课程内容，研制学业质量标准，推进考试评价改革；二是优化课程内容组织形式，跳出学科知识罗列的窠臼，按照学生学习逻辑组织来呈现课程内容，加强与学生经验、现实生活、社会实践的联系，通过主题、项目、任务等形式整合课程内容，突出主干、去除冗余；三是突出实践育人，强化课程与生产劳动、社会实践的结合，强调知行合一，倡导做中学、用中学、创中学，注重引导学生参与学科探究活动，开展跨学科实践，经历发现问题、解决问题、建构知识、运用知识的过程，让认识基于实践，再通过实践让认识得到进一步提升，从而避免产生认识与实践"两张皮"的现象。

义务教育课程方案优化了课程设置。例如，整合小学原"品德与生活""品德与社会"和初中原"思想品德"为"道德与法治"，进行一体化设计；改革艺术课程设置，一至七年级以音乐、美术为主线，融入舞蹈、戏剧、影视等内容，八至九年级则分项选择开设；科学、综合实践活动的开设从起始年级提前至一年级；落实中央要求，将劳动、信息科技及其所占课时从综合实践活动课程中独立出来。

修订后的义务教育课程加强了学段衔接。一是注重幼小衔接，基于对学生在健康、语言、社会、科学、艺术领域发展水平的评估，合理设计小学一至二年级课程，注重活动化、游戏化、生活化的学习设计；二是关注从小学到初中学生在认知、情感、社会性等方面的发展变化，把握课程深度、广度的变化，体现学习目标的连续性和进阶性；三是了解高中阶段的学生特点和学科特点，为学生进一步学习做好准备。

总而言之，研学旅行指导师要熟知以上内容，并随课程标准的更新进行学习。

### 3.教育教学知识

（1）教育教学理论知识

教育教学理论是教育学的一个重要分支，它既是一门理论科学，也是一门应用科学；它既要研究教学的现象、问题，揭示教学的一般规律，也要研究、利用和遵循规律获取解决教学实际问题的方法、策略和技术；它既是描述性的理论，也是处方性和规范性的理论；它来源于教学实践，又反过来指导教学实践，与教学实践形成辩证关系。

教育教学理论知识包括：教育及教育学的产生与发展，教育与社会的发展，教育与人的发展，各种教育制度、教育目的、教育研究的基本方法，以及学习与学习理论等。

（2）学生管理知识

研学旅行指导师在研学旅行活动中既扮演班主任的角色，又扮演导游、团长及安全员等多重角色。研学旅行指导师一定要关爱学生、尊重学生，对学生进行民主管理，高度负责地关心研学旅行事务，耐心解决学生个人或班级中出现的问题。

学生管理知识包括：学生学习心理，学习动机的激发与培养，学生发展心理，学生情绪、情感、意志、人格、能力和自我意识的发展，学生心理辅导，课堂管理方法等。

### 4.安全防护知识

研学旅行活动的主要参与人员是中小学生，然而中小学生通常年龄较小、行为与观念的成熟度很低、自我保护意识较差，导致群体活动难以控制。通常情况下，研学旅行是有组织性的集体出行，中小学生人数规模庞大，这会给研学旅行组织的安全管理带来较大的风险。因此，做好研学旅行过程中的安全保障工作是研学旅行活动的首要任务。

（1）研学旅行的主要风险因素

中小学生研学旅行风险因素主要包含人员因素、管理因素、工具因素、饮食因素、环境因素等，具体见表3-1：

表 3-1 中小学生研学旅行风险因素

| 来源 | 风险类型 |
| --- | --- |
| 人员 | 研学旅行组织者、研学旅行指导师和提供辅助工作的有关人员的安全管理意识和水平不够；研学旅行指导师出现职业倦怠；学生、家长的安全意识不强；学生安全和自救知识缺乏；医护人员、驾驶人员技术不高；饮食供应者的质量保障意识不强等 |
| 管理 | 研学旅行活动相关机构的管理体系不完善、不正规，未经国家相关部门考核批准认可 |
| 工具 | 新的交通工具未经试验；旧的交通工具检修不及时；教学工具安全性未经检测等 |

| 来源 | 风险类型 |
|------|---------|
| 饮食 | 饮用水、饮料、食品的质量不达标；饮食搭配不符合季节变化规律，不符合学生身体发育特点等 |
| 环境 | 住宿地点周围存在安全隐患；研学基（营）地地形崎岖；遭遇高温、低温、暴风、暴雨等恶劣天气，以及其他非人力可控的自然灾害等风险 |

（2）研学旅行安全防护知识

针对常见研学旅行安全风险，研学旅行指导师应该系统掌握以下安全防护知识或技能：

①预防和应对社会安全类事故的相关知识和技能：了解如何预防青少年犯罪，掌握防盗、防骗的措施和技巧，以及学习如何防止公共场合的各种骚扰等。

②预防和应对公共卫生事件的相关知识和技能：认识、了解常见的传染病，了解消化道传染病，学习分辨呼吸道传染病，了解食物中毒基本症状及初步处理方法，了解水污染，通过标志查看食品安全情况等。

③预防和应对意外伤害事故的相关知识和技能：熟悉现场急救的基本方法和技能，掌握简单包扎、简单止血的方法，知道如何处理猫抓狗咬等意外伤害，熟悉各类运动伤害的预防方法，熟悉各类实验室、实操环境的安全预防工作等。

④预防和应对网络信息安全事故的相关知识和技能：熟悉安全上网的有关知识，掌握如何防止学生沉迷网络、登录不良网站的方法，知道如何指导学生正确使用手机、电脑等网络和通信工具等。

⑤预防和应对自然灾害的相关知识和技能：了解应对各种恶劣天气（如雷电天气、冰雹、冻雨等）的方法和技巧以及各种自然灾害（如地震、洪水等）的预防措施和应急处理程序，掌握火灾、电梯被困的自救方法等。

⑥预防和应对影响学生安全的其他事件的相关知识和技能：了解如何识别和处理校园暴力，了解学生进入青春期之后的常见问题，知道如何帮助学生调节青春期的情绪，知道如何应对强行乞讨的情况，能引导学生远离毒品、珍爱生命等。

⑦各类保险相关知识：了解各类保险的保险范围以及各类保险理赔申请流程等。

### 5.法律法规及政策标准知识

（1）教育类法律法规

教育类法律法规是教育活动和教育行政活动中的各种法律规范性文件的总称，主要是指有关教育的专门法律、法令、条例、规则、章程等，也包含其他法规中与教育有关的各种规范性条文。研学旅行指导师要熟知教育类法律法规，并能用以指导研学旅行活动。与研学旅行活动相关的教育类法律法规主要有《中华人民共和国教育法》《中华人民共和国义务教育法》《中华人民共和国未成年人保护法》《中华人民共和国职业教育法》《中华人民共和国教师法》《学生伤害事故处理办法》等。

（2）旅游类法律法规及标准

在旅游类法律法规中，《中华人民共和国旅游法》是上位法，由中华人民共和国全国人民代表大会常务委员会于 2013 年 4 月 25 日通过，自 2013 年 10 月 1 日起施行，2018 年 10 月 26 日第二次修正。《中华人民共和国旅游法》共计十个章节，一百一十二条，其中"旅游者的权利和义务""经营者的权利和义务"两章对研学旅行指导师有很大的指导意义。另外，2016 年 12 月 19 日中华人民共和国文化和旅游部（原国家旅游局）发布的行业标准《研学旅行服务规范》（LB/T054-2016），以及 2019 年 2 月中国旅行社协会发布的全国首个团体标准《研学旅行指导师（中小学）专业标准》（T/CATS001-2019）是研学旅行指导师必须掌握的内容。

（3）研学旅行相关政策知识

自 2013 年我国发布的《国民旅游休闲纲要（2013-2020 年）》提出"逐步推行中小学生研学旅行"以来，国家及各个省市陆续颁布了众多研学旅行相关政策。研学旅行指导师应掌握以下相关政策：一是 2016 年 11 月 30 日教育部等 11 部门颁布的《关于推进中小学生研学旅行的意见》（教基—〔2016〕8 号），该意见明确提出要将研学旅行纳入学校教育教学计划，与综合实践活动课程统筹考虑，明确了参与研学旅行的对象等许多重要内容；二是 2017 年教育部发布的《中小学德育工作指南》《中小学综合实践活动课程指导纲要》，2020 年 3 月 26 日中共中央、国务院印发的《关于全面加强新时代大中小学劳动教育的意见》以及 2022 年由中华人民共和国国家发展和改革委员会、中华人民共和国文化和旅游部联合印发的《国民旅游休闲发展纲要（2022-2030 年）》。

（4）其他法律法规

除以上现行的法律法规外，针对各种研学课程，研学旅行指导师能了解或熟知越多的政策法规，就越有利于研学旅行工作的进行，如《中华人民共和国民法典》《中华人民共和国预防未成年人犯罪法》《中华人民共和国环境保护法》《中华人民共和国野生动物保护法》《中华人民共和国道路交通安全法》《中华人民共和国自然保护区条例》《中华人民共和国文物保护法》等。

## （三）研学旅行指导师的职业技能要求

研学旅行课程是一种独立形态的课程，同时它也是一种经验型课程，注重学生多样化的实践性学习。研学旅行还要关注学生与社会生活的联系，研学旅行课程强调以学生的社会实践和社会需要为核心，重在有效地培养和发展学生解决问题的能力。因此，研学旅行指导师不仅要有文化专业知识、教育知识，还要在探究、调查、访问、协作、劳动实践等方面有指导学生的能力。研学旅行指导师所具备的职业技能是其落实研学旅行课程的关键所在，主要包括以下几个方面：

### 1.研学旅行活动策划能力

策划能力是策略思考与计划编制等能力的统称。策略思考又称策略性思考，是指为取得某种效果，编制具体行动计划的过程；或为达到某种特定的目的，思考与设计所需采用方法的过程。研学旅行活动策划是指按照已经确定的方法论，编制具体行动计划的过程；是将一个个研学旅行活动单元进行精细组织的过程。因此，研学旅行指导师不仅需要扎实的基础知识，而且要具备很强的策划能力。

（1）研学旅行活动策划能力的构建

活动策划人能力的强弱取决于其能不能做好一份策划案，这份策划案应能满足甚至超出研学旅行主办方的预期。想要做好一份活动策划案，研学旅行指导师需要具备以下能力：文案能力，包括确立活动主题、编写活动传播推广文案、包装活动整体文案等方面的能力；策略能力，包括品牌策略、营销策略、传播策略、活动主题策略等方面的能力；PPT制作能力，包括视觉排版、逻辑梳理、软件操作、活动流程动线设计等方面的能力；提案能力，包括商务礼仪、演讲、谈判、逻辑表达等方面的能力；学习能力，包括感知观察、记忆、阅读、解决问题等方面的能力；创新能力和资源整合能力等。

（2）研学旅行活动策划能力的培养途径

研学旅行指导师的研学旅行活动策划能力的培养途径如下：

①分析研学主题

每一次研学旅行活动，对研学旅行主题的分析程度最能体现研学旅行指导师的策划能力和水平。因此，研学旅行指导师在策划研学旅行活动时，不仅要理解研学主题，还要进行深入的分析，从研学旅行课程方案的总主题到单元主题都要进行分析，同时还要分析不同年龄段的研学旅行对象的特点以及资源的组织配置、方案的实施等。

②总结学习规律

学习知识必须按照科学、合理的规律进行，研学旅行指导师要掌握中小学生学习的基本规律。规律是事物内部固有的、本质的、必然的联系及发展趋势。中小学生的学习规律和主要学习方法是不同于成人的，他们学习的主要是基础知识和基本能力，虽然智力在学习中的作用很明显，但非智力因素也发挥着十分重要的作用。研学旅行指导师在策划研学旅行活动时应考虑这样几点：一是要求学生轻松、愉悦地参与各项活动，充分体验活动的乐趣；二是要培养学生的观察力、思维推理能力和动手能力；三是注重培养学生的集体合作精神和团队配合意识。

③加强与学校、教师的沟通

每所学校的办学理念、教育优势、师资特点都不一样，组织研学旅行的目的也不尽相同。加强与学校、教师的沟通，熟悉学校的办学宗旨，了解学校的优势特长，厘清学科知识和校本教材的关系，向教师虚心求教，是为学校制定优秀的研学旅行课程方案的有效途径，同时也是快速提高研学旅行指导师自身策划能力的好方法。

**2.心理辅导能力**

研学旅行指导师需要具备一定的心理辅导能力。研学旅行指导师与学生之间应建立融洽的关系，以帮助学生正确地认识自己、接纳自己，进而欣赏自己，并克服成长中的困难，充分发挥个人潜能。对学生进行心理辅导是一项复杂、艰巨又专业的系统工程，研学旅行指导师虽然不能像心理咨询师那样专业，但是掌握一些中小学生心理健康知识和心理辅导的方法和技巧，对整个研学旅行活动的顺利开展会有很大帮助。

（1）中小学生心理健康的内容

中小学生心理健康的内容主要包括正常的智力、积极的自我意识、良好的心境、和谐的人际关系、较强的意志品质、完整的人格。

（2）中小学生常见心理问题及其表现

①狭隘：斤斤计较、心胸狭窄，无法真正接纳和理解他人，甚至对小事耿耿于怀、爱钻牛角尖。

②嫉妒：当别人比自己好时，表现出不自然、不舒服或怀有敌意的样子，甚至有的

人用打击、中伤手段来发泄内心的嫉妒。

③敏感：内心敏感、多疑，常常把别人无意中说的话、不相干的行为视作对自己的轻视或嘲笑，并因此喜怒无常，情绪变化很大。

④失落：中小学生常常抱有许多幻想，并希望将其变为现实，他们会因此付出种种努力甚至刻意追求，当这种需求持续得不到满足或仅部分满足时，就产生了挫败感。

⑤自卑：对自己缺乏信心，认为自己在各方面都不如别人；无论是在学习上，还是在生活中，总是把自己看得比别人低一等，这种自卑心理严重影响学生的情绪，从而引发一系列不良认知。

⑥叛逆：中小学生正处于成长过渡期，独立意识和自我意识日益增强，他们迫切希望摆脱家长的监护；同时，为了表现自己的与众不同，容易对任何事情持批判的态度。

（3）研学旅行活动中常见的心理辅导方式

研学旅行指导师要善于发现和分析学生出现的心理问题，采取合理的方式给予学生指导，切忌采用生硬的态度和方式，应该使用心理咨询的技巧和方法帮助学生改变态度和行为。就心理辅导的具体方法而言，认知行为疗法、解决问题疗法、心理动力疗法和集体心理疗法都是可以采用的方法。

①认知行为疗法

认知行为疗法是一种通过改变学生的思维方式和行为习惯来改善其心理问题的方法。它帮助学生认识自己的负面思维方式和行为模式，教授他们改变这些思维方式和行为模式的方法，以减轻心理问题。

②解决问题疗法

解决问题疗法是一种通过帮助学生解决实际问题来改善其心理问题的方法。它通过帮助学生识别和解决他们所面临的具体问题来减轻学生的负面情绪。

③心理动力疗法

心理动力疗法是一种通过探索学生潜意识和内心深处的问题，改善其心理问题的方法。它通过帮助学生了解自己的内心世界、解决潜在的心理问题来减轻学生的负面情绪。

④集体心理疗法

集体心理疗法是一种鼓励学生在群体中分享、交流彼此的经验和情感来改善学生心理问题的方法；通过帮助学生感受他人的支持和理解来减轻负面情绪、提高自信心。

在研学旅行活动过程中，研学旅行指导师是学生重要的心理依托，可以在短时间内给予学生强大的社会支持。因此，研学旅行指导师要注重学习相关知识，提高心理辅导能力，更好地为研学旅行活动服务。

### 3.教育教学能力

教育教学能力是指研学旅行指导师在研学旅行活动中，为实现研学旅行课程目标、顺利完成教学活动所表现出来的能力。教育教学能力具体包括钻研学科知识的能力、了解和研究学生的能力、语言表达能力、应变反馈能力、现代信息技术的运用能力。

（1）钻研学科知识的能力

初级阶段的研学旅行课程是学科课程的延伸和补充，学科知识是学生研学旅行课程的基础。因此，研学旅行指导师要深入钻研中小学的学科知识、课程标准和教材，分析研学旅行课程目标、课程内容和学科知识之间的内在联系，找到研学旅行课程与学科知识的联结点。研学旅行指导师对学科知识钻研得越深入，研学旅行课程的效果就越好。

（2）了解和研究学生的能力

研学旅行指导师在传递知识的同时，应对不同年龄段的学生进行分析，这是研学旅行指导师教育教学工作的出发点，也是研学旅行指导师的一项基本功。研学旅行指导师要善于根据不同年龄段学生的共性规律和外部表现来了解他们的个性和心理状态，如思想状况、道德水平、知识层次、智力水平及兴趣、爱好、性格等。只有了解学生的实际情况，并将了解到的情况与研学旅行活动过程中具有教育性、参与性的具体事例有机结合起来，才能做到有的放矢、长善救失、因材施教。

（3）语言表达的能力

在研学旅行课程中，研学旅行指导师的语言表达方式和质量会影响学生的智力发展水平。科学地使用教学语言，是实现研学旅行课程教学目标的保证。首先，教学语言应具有科学性。研学旅行课程的主要任务之一，就是向学生传授各种知识。因此，研学旅行指导师的教学语言必须具有科学性，做到准确、精练、有条理、合乎逻辑。其次，教师的教学语言应具有启发性。在研学旅行课程中，教师的语言能否引起学生的积极思考，帮助学生打开思路，引导学生独立、主动地去获取知识，是学生开展研究性学习的关键所在。因此，研学旅行指导师的教学语言必须具有启发性。研学旅行指导师要通过具有启发性的语言来激发学生的求知欲望，给学生留有思考的余地。最后，研学旅行指导师要善于运用生动、形象的语言，以激发学生的创造性思维，引发学生丰富的想象力。

（4）应变反馈的能力

在研学旅行课程中，研学旅行指导师还应具备处理各种意外情况的能力，对学生反馈的关于所接受的知识和信息要随时掌握、及时处理，要了解学生的期望与困难，并根据这些信息及时调整研学旅行课程节奏，以便更适用于学生。对研学旅行过程中稍纵即逝的有价值的信息，研学旅行指导师要及时捕捉、合理利用、生成课程，及时指导学生。

（5）现代信息技术的运用能力

在信息化时代，研学旅行指导师必须能够根据各种条件的变化，灵活选用教学方法和先进的信息技术，以此提升教育教学能力，如采用电化教学、制作多媒体资源、利用传播媒体平台等，使研学旅行课程更加生动、直观。研学旅行指导师还可以用现代信息技术（定位手环、智能评价等）来进行学生管理，这不仅可以提高研学旅行课程的质量、活跃气氛，而且有利于研学旅行课程现场控制，保障学生安全。

综上所述，研学旅行指导师是指策划、制定或实施研学旅行课程方案，在研学旅行活动过程中组织和指导中小学生开展各类研究性学习和体验活动的专业技术人员。

按照委派主体的不同，可将研学旅行指导师分为学校指导师、旅行社指导师、基（营）地指导师、机构指导师四种类型。按照就业方式的不同，可将研学旅行指导师分为专职研学旅行指导师和兼职研学旅行指导师两种类型。按技能等级分，可以将研学旅行指导师由低到高分成四级（中级工）、三级（高级工）、二级（技师）、一级（高级技师）四个级别。

研学旅行指导师必须具备职业理想、职业责任、职业态度和职业道德。职业理想是指人们在职业上依据社会要求和个人条件，通过想象而确立的奋斗目标，即个人渴望达到的职业境界。职业责任是指人们在一定职业活动中所承担的特定职责，包括人们应该做的工作和应该承担的义务。职业态度是指个人对所从事职业的看法及其在行为举止方面反映的倾向。职业道德是指从事一定社会职业的人们在履行其职责的过程中，理应遵循的道德规范和行业行为规范。

研学旅行指导师的职业要求包含仪容、仪表、仪态、语言等形象要求，研学旅行知识、通识教育与基础教育知识、教育教学知识、安全防护知识、法律法规及政策标准知识等专业知识要求，以及研学旅行活动策划能力、心理辅导能力、教育教学能力等职业技能要求等。

# 第四章 研学旅行课程设计及其评价

## 第一节 研学旅行课程主题

### 一、研学旅行课程主题的选题原则

研学旅行课程主题是研学旅行教育活动的主旨与核心,是研学旅行课程目标、内容、实施与评价的焦点。研学旅行课程主题的选择应遵循教育性、实践性、开放性、综合性、层次性、因地制宜和与时代同步等原则。

#### (一)教育性原则

研学旅行是校外教育实践活动,教育性原则是确定研学旅行课程主题的首要原则,也是衡量研学旅行课程主题是否有效的基本原则。

教育性原则要求课程内容要以中小学生的发展需求为中心,尊重学生的自主选择权,充分调研学生参与研学实践教育的意愿与积极性,引导学生围绕课程主题从自我成长需求的角度切入,从而选择具体的活动内容。研学旅行指导师要善于捕捉和利用课程实施过程中生成的有价值的问题,指导学生深化课程主题,不断完善活动内容,使研学旅行课程的内容更有利于实现课程主题的教育性目标。

#### (二)实践性原则

实践性原则要求研学旅行从人的发展规律角度实现教育目的,强调从以研学旅行指导师为中心走向以学生为中心,强调让学生亲身经历各项活动过程,引导学生在"动手做""实验""探究""设计""创作""反思"的过程中进行"体验""体悟""体认",并帮助学生在全身心参与活动过程中发现、分析和解决问题,体验和感受生活,发展实践能力与创新能力。

学生是教育活动的主体,必须在整个研学旅行过程中亲自参与实践,整个活动也要确保学生的主体性地位不变。

### (三)开放性原则

研学旅行课程鼓励学生跨领域、跨学科学习,为学生自主活动留出空间,把成长、生活环境作为学习场所,打破学科界限,打破课堂教学的模式,面向学生的整个生活世界,不断拓展活动时空和活动内容,使学生的个性特长、实践能力、服务精神和社会责任感不断提升。因此,研学旅行课程主题的选题应该遵循开放性原则。

作为校外教育的重要形式,研学旅行课程的教育目标不仅仅是学校教育的延伸,更是我国基础教育的创新和积极探索。课程主题的开放性是对研学旅行课程特性的现实表述与要求,有利于增加课程的吸引力,能够促进学生创新能力的培养。与学科课程相比,研学旅行课程更注重学生的情感体验和全面发展,每个研学旅行活动应有多种解决问题的途径和方案,只有这样,思维水平、知识水平、生活经验不同的学生才可以通过自己的努力获得不同的体验。

### (四)综合性原则

研学旅行课程是一门综合的跨学科课程,其主题的选择应遵循综合性原则。具体来说,综合性原则要求研学旅行课程主题以促进学生的综合素质为目标,打破学科界限,综合考虑学生与自然的关系、学生与他人和社会的关系、学生与自我的关系,做到知识、能力、道德等方面的内在整合。

### (五)层次性原则

研学旅行活动在空间上具有层次性。在设立研学旅行课程体系时,小学阶段以乡土乡情为主,初中阶段以县情市情为主,高中阶段以省情国情为主。

研学旅行活动在内容上具有层次性。发现问题和提出问题是研学旅行活动的重要环节,进而还要对问题加以探究,这个过程对于不同的学生群体应有所区别。对于小学生,要求他们能够对发现的问题做出简单、合理的解释即可;而对于中学生,则要求他们能够提出解决问题的合理策略，并得出相应的探究成果。

同时，课程主题应基于学生可持续发展的要求，设计长短期相结合的活动形式，使活动内容具有递进性和层次性。一方面，课程主题设计要做到使活动内容由简单到复杂，使活动主题由浅入深发展，不断丰富活动内容，拓展活动范围，促进学生综合素质的持续提高；另一方面，要有效处理好学期之间、学年之间、学段之间活动内容的有机衔接与联系，构建科学、合理、有层次性的课程主题。

### （六）因地制宜原则

我国国土辽阔，地域、自然与文化差异巨大，同一地域城乡之间的办学条件、校园文化也存在显著差异。因此，各地必须根据不同的资源状况设计和开发相应的主题，并转化为可行的课程方案，凸显地域特色，具体问题具体分析，切忌生搬硬套。研学旅行的资源没有优劣之分，有的只是特色的差异。区域性的特色资源往往是最有价值的研学旅行资源，研学旅行课程主题开发设计要充分利用这些资源。

### （七）与时代同步原则

随着时代的发展，人类社会在科技等诸多方面取得了显著的进步与发展。在科技发展日新月异的今天，教育面临着前所未有的挑战。研学旅行恰恰是解决这一问题的有效途径。因此，选择研学旅行课程主题时，应及时关注时代、科技的发展现状，关注学生鲜活的现实生活环境。

课程主题设计具有引导学生将其兴趣、需要与国家乃至世界社会经济发展的步伐保持一致的作用。研学旅行课程主题的选择应充分体现时效性，以便其有效弥补当前学科课程内容相对固定的不足，使学生能够紧跟时代发展的步伐，成长为适应社会发展和时代需要的新时代人才。

## 二、研学旅行课程主题的选题方法

研学旅行课程的选题方法主要有整合学科资源法、融合学校活动法、教育目标达成法、挖掘社区资源法、运用社会热点法、生活与职业体验法、研学旅行指导师经验提炼法和学生自主选题法等。

## （一）整合学科资源法

综合性课程的优势在于能更有效地引起学生的探究兴趣，有利于学生综合能力的培养。研学旅行课程是一门综合性课程，面对各学科蕴含的培养学生素养的问题，研学旅行课程可以通过设置一个主题把它们统筹起来，并围绕这个主题组织、设计活动内容。

需要注意的是，在统筹主题时应打破现有的常规格局，围绕主题整合学科课程资源。课程主题应当体现综合性、开放性等特点，使学生不只是"学习"知识，更要"学会""学懂"知识；不仅让学生的"知"和"智"得到发展，而且要促进学生"德"和"能"的发展。

## （二）融合学校活动法

2017年教育部颁布的《中小学德育工作指南》在实施途径和要求中指出，要精心设计、组织开展主题明确、内容丰富、形式多样、吸引力强的教育活动，以鲜明、正确的价值导向引导学生，以积极向上的力量激励学生，促进学生形成良好的思想品德和行为习惯。同时，该文件建议开展以节日、纪念日等为主题的教育活动，研学旅行课程主题可以与学校活动主题有机结合起来。

融合学校活动的方式不仅可以丰富学校育人的途径，而且可以为研学旅行课程提供丰富的主题来源，促进学生的思想品德和行为习惯得到进一步完善和发展。

## （三）教育目标达成法

"立德树人""学生发展核心素养"等，是对当前我国教育目标的精练描述。核心素养是一种跨界素养，学生核心素养的发展是多维度的，涉及人文、科学、生活、实践等多个方面。因此，研学旅行课程主题可以根据教育目标进行遴选。

## （四）挖掘社区资源法

社区是学生学习、生活的场所。他们对社区既熟悉又陌生，熟悉是因为天天接触，对环境熟悉；陌生是因为学生对社区的类型、运作和服务功能缺乏全面、系统的了解。不仅仅是学生，研学旅行指导师也同样面临这些问题。因此，研学旅行指导师可以充分利用社区资源设计丰富多样的研学旅行课程，并根据社区资源的特点选择主题。

挖掘社区资源中的红色教育基地、中华传统文化、古代著名工程、民居民俗、科普场馆、博物馆、艺术馆、非遗馆、传统农业和工矿企业、各类高校及科研院所、实验室等，从这些社区资源中可以挖掘出合适的研学旅行课程主题。

## （五）运用社会热点法

研学旅行的一项重要内容是让学生感受祖国的大好河山，感受日新月异的科技给人们生活带来的新变化，从而增强学生的国家认同感。例如，高铁刚刚运行时，可以选取和利用社会的热点资源设计"乘坐高铁"的研学旅行课程主题，让学生感受祖国科技的飞速发展。

## （六）生活与职业体验法

生活本身丰富多彩，职业类型也多种多样。结合中小学职业生涯规划课程，研学旅行指导师可以有选择地将生活中需要解决的问题和不同的职业设置作为研学旅行的课程主题，并选定合适的课程主题开展研学旅行活动。

## （七）研学旅行指导师经验提炼法

设计研学旅行课程主题，不仅应当充分发挥学生的自主性，还要重视研学旅行指导师的经历、爱好和特长。研学旅行指导师可以从个人经验出发，结合自身兴趣和爱好，设计研学旅行课程主题。由于研学旅行指导师比较熟悉要开展活动的内容、学生的知识能力及兴趣方向，基于研学旅行指导师个人经验确立的主题更能保证研学旅行课程的顺利实施。同时，如果研学旅行指导师能够结合自己的业余爱好和兴趣来设计研学旅行课程主题，他们将会更加积极、更有热情地投入研学旅行课程实施的过程中，并且通过自己的热情激发学生的兴趣，使研学旅行课程能够持续开展。此外，从自身经验和兴趣出发指导学生开展活动，也有利于研学旅行指导师发挥自身的特长和潜力，使研学旅行课程的效果更理想。

## （八）学生自主选题法

在确立研学旅行课程主题的过程中，研学旅行指导师可以引导学生独立、自主地发现和寻找问题，然后师生共同来筛选问题，把问题转化为活动主题。

研学旅行指导师通过创设情境，激发学生的创造性思维，引导和启发学生从多个方面发现和寻找研究课题，鼓励学生在自己所处的自然、社会和生活环境中留心观察、用心体会、细心辨析，探寻自己感兴趣的问题或课题，并将问题及时地记录下来，再经过讨论转化为研学旅行课程主题。例如，学科教学所涉及的与实践有关，学生非常感兴趣且想进一步了解的内容，学生个人生活或学习中遇到的问题，学校、家庭、社区生活中学生感兴趣的现象，科技与社会热点问题等，都可以作为研学旅行课程主题。对于自己选择的主题，学生参与的积极性会更高，活动效果也会更好。

总而言之，研学旅行课程主题的选择方法多种多样，这需要学校、研学基（营）地等机构或部门根据资源的实际情况和本部门、本单位的实际情况统筹考虑，选择可行性强、具有教育价值和意义的课程主题。

# 三、研学旅行课程主题的命名

研学旅行课程方案是研学旅行活动的重要行动指南，一个好的主题会让研学旅行课程方案富有吸引力和导向性，因而课程主题的命名尤为重要。

研学旅行课程主题命名是"取名"的过程，也是内容提炼的过程。研学旅行课程主题名称一定要聚焦研学内容，要和研学旅行课程的设计息息相关。一个好的主题名称就是一个好的教育素材。

## （一）课程主题命名的基本原则

《说文解字》云："题，额也。"标题犹如一个人的额头，通常是课程主题内容或中心的概括，有着非常显著的地位。研学旅行课程主题的命名须遵循以下基本原则：

### 1.立德树人原则

研学旅行课程要始终落实立德树人的根本任务，倡导社会主义核心价值观，帮助学生了解国情、热爱祖国、开阔眼界、增长知识，提高他们的社会责任感及创新能力、实践能力，让学生感受祖国大好河山、中华传统美德、革命光荣传统和改革开放的伟大成就，坚定中华民族的"四个自信"。因此，立德树人是研学旅行课程主题命名应遵循的首要原则。

### 2.教育性原则

课程主题的名称是对研学旅行课程内容的提炼和概括，是研学旅行课程的重要组成部分。教育性是研学旅行课程的内在要求，课程主题的名称是研学旅行课程教育价值的外在呈现，课程主题的名称应当突出教育性原则。

### 3.题文一致性原则

题文一致性是课程主题命名最基本的要求。研学旅行课程主题的名称要能准确地概括课程的核心内容、精神和本质，做到内容真实、观点准确、文字精确、题文一致。课程主题的名称不仅要求文字简练、概念准确、语义清晰，还要能清楚、直截了当地告诉学生课程的内涵与目标。

### 4.科学性原则

研学旅行课程的教育属性决定了课程主题命名时必须遵循科学性原则。所谓科学性原则，一方面是指用词科学，包括选用专业术语，选用已经证实的结论性结果，不能选用俗语俚语，不能选用未经证实的假想；另一方面，科学性原则是指表述要科学，包括语言陈述方式要符合学生的阅读习惯，陈述内容的思想导向要符合科学认知等。

### 5.规范性原则

规范性原则主要是指主题名称用词要规范，主题风格要符合学生身心发展规律和学生综合素质培养的需要。课程主题名称的内涵应突出实践性，体现研学旅行活动的特征，反映时代的发展和科技的进步。

## （二）课程主题命名的基本要求

研学旅行课程主题命名主要有四个基本要求，即准确规范、简洁醒目、新颖有趣和贴近实际。

### 1.准确规范

（1）课程主题的名称要内容准确、表述规范。

（2）课程主题的名称外延必须与课程具体内容一致，要做到课程主题的名称将研学旅行课程研究的核心内容交代清楚，与研学旅行课程目标相符。

（3）课程主题的名称内涵不能太大，也不能太小，要把研学旅行课程的对象和内容准确地表达清楚。

（4）课程主题的名称不能用口号式、结论式、疑问式句型，而应以陈述式句型表述。

（5）课程主题的名称表述不能含糊笼统，应尽可能地突出研学旅行的内容、对象和核心概念。

（6）课程主题的名称不宜出现并列式、对仗式词组，尽量删掉不必要的文字。

### 2.简洁醒目

标题是一个"语句",简洁是其显著特点。《现代汉语词典》(第7版)对"标题"的解释是"标明文章、作品等内容的简短语句"。课程主题的名称要想简洁醒目,就要做到以下几点:

(1)长度不超过20字。

(2)要新颖独特、富有新意。

(3)宜简不宜繁,宜短不宜长,尽量避免概念化语言,多用形象化、具体化语言。

(4)表述方式要符合阅读习惯,避免晦涩的语言。

### 3.新颖有趣

研学旅行课程名称应新颖有趣,新颖生动、不落俗套的事物往往更能引起学生的学习兴趣;但也不能为了新颖而哗众取宠,不能为了有趣而偏离研学旅行课程目标。

### 4.贴近实际

课程主题的名称要贴近学生的生活实际,符合学生的年龄特征。研学旅行课程在小学、中学都要开设,因此需要充分考虑学生的年龄和身心特点。有趣味性、较生活化的课程主题名称更适合小学生,新颖、有挑战性的课程主题名称更适合初中生,思考性强一些的课程主题名称更适合高中生。

课程主题名称就像一个人的名字一样,应具有鲜明的个性和特色。一个好的主题名称是好的研学旅行课程的开端,可以有效引导学生进入研学情境,为开展研学旅行活动奠定基础。

## (三)研学旅行课程主题命名的常用方法

研学旅行课程具有体验性、研究性等特点,课程主题的命名应该更加注重教育性和体验性。常用的命名方法有聚焦法、抽取法、创新法、"地点+"法等。

### 1.聚焦法

教育部发布的《中小学综合实践活动课程指导纲要》推荐了152个活动主题,由于客观存在的城乡差异和学情差异,其推荐的主题都比较宽泛,又因为缺乏具体的研究对象,所以不具备直接作为课程主题名称的条件,但是可以将这些主题作为参考,对某一主题进一步聚焦,使之具体化。这是当前对研学旅行课程主题命名最为便捷的一种方式。

## 2.抽取法

抽取法就是抽取研学旅行课程中的关键词作为标题，这是课程主题命名的常用方法，也是比较稳妥、有效的方法。

研学旅行课程主题分为单一研学旅行课程主题与综合研学旅行课程主题，命名时可以抽取不同的关键词作为课程主题名称。

## 3.创新法

创新法是先对研学旅行课程内容进行提炼，再围绕研学主旨发挥想象和联想，以各种方式创新地设计课程主题名称的方法。课程主题的命名可以融入文学构词法，可以借用学科专业词汇，还可以运用辩证手法。例如，对诗词歌赋的凝练引用或改编套用——滕王阁研学旅行课程以"落霞与孤鹜齐飞，秋水共长天一色"为课程主题名称。

## 4."地点+"法

研学旅行课程主题还有"地点+研学内容""地点+研学方式""地点+主题内容"等几种命名方法。例如，"人说山西好风光""人人都说沂蒙山好"都采用了"地点+研学内容"的方式，同时引用了歌曲内容，从而形成了响亮的研学旅行课程主题名称。

## （四）课程主题命名的步骤

研学旅行课程主题命名的步骤如下：

### 1.明确教育目标

教育目标是遴选研学旅行课程内容、设计研学旅行课程方案的依据，也是课程主题设计的首要考虑因素，有针对性地明确教育目标是选择研学旅行课程主题名称的第一步。教育目标要明确且具体，尽量保证可行性，不能大而全，过于空泛。例如，"培养学生的创新精神、时间管理能力""让学生热爱大自然"等就相对空泛，不宜作为教育目标。

### 2.遴选关键词

基于教育目标选择研学旅行课程内容、设计研学旅行活动，能突出研学旅行课程主题。因此可以从课程内容、活动组织方式等选取关键词，或者凝练研学旅行课程主题内涵，作为课程主题名称的相关内容。如果选用的是教育部推荐的活动主题，也可以针对所选用主题的聚焦内容提取关键词或凝练研学旅行课程主题内涵进行创新。

3.选择恰当的表达方式

恰当的表达方式能让主题名称具有可读性，且能充分体现课程的主旨及教育目标。因此，在课程主题命名的过程中，需要选择恰当的表达方式。

4.锤炼标题文字

通过压缩标题内容、删除标题中多余字词、改变标题的叙述方式、适当采用简称等方式，反复推敲和锤炼标题，可以让课程主题名称变得准确、简洁、新颖。

5.确定课程主题名称

经过上述步骤后，可以同研学旅行课程设计师资团队一起商议拟定的课程主题名称。如无异议，便可以确定下来；如有异议，再根据以上步骤进行思考，直至师资团队商议、确定最终的主题名称。

# 四、研学旅行课程主题的类型

研学旅行课程主题的类型有很多种划分形式，本书根据《关于推进中小学生研学旅行的意见》（教基—〔2016〕8号）提出的自然类、历史类、地理类、科技类、人文类、体验类等研学旅行课程类型，详细介绍相应的研学旅行课程主题。

## （一）自然类

自然类研学旅行课程可以让学生从地形地貌特征、动植物种类、生态环境保护等方面去了解和感受自然环境，体会自然事物之间的联系，领会人与大自然的关系，培养学生对大自然的热爱之情。这类研学旅行课程主题类型可以基于当地山水的特色，或者以大自然的神奇为切入点，还可以着重表现祖国大好河山的美丽，更可以突出"绿水青山就是金山银山"的科学发展理念，重点表现人与自然的和谐。

## （二）历史类

中华文明绵延五千年，有着顽强的生命力，博大精深、灿烂辉煌、令人自豪，是中华儿女的宝贵财富。历史类研学旅行课程主要分为历史探究类和红色教育类。该类研学旅行课程是以重要历史事件发生地作为主要研学基地而构建的，包括历史遗迹、革命纪念地等爱国主义教育基地。在历史类研学旅行课程中，学生可以通过实地考察、阅读史料，探究现代社会生活与历史事件、传统文化的联系，培养人文素养和文化理解能力。

历史类研学旅行课程主题可以侧重体现传统文化的厚重感，或者凸显传统文化的传承与发展，也可以体现当地为人所熟知的具有代表性的历史人物、历史事件的影响。

### （三）地理类

研学旅行课程与地理学科联系尤为密切，这不仅是因为地理学科有着丰富的研学旅行课程资源，同时也是因为地理学科本身就要求培养学生的地理实践能力。地理类研学旅行课程主题是常见的研学旅行课程主题类型之一。

### （四）科技类

科技的发展已经渗透到人们生活的各个角落，人们每天都在享受科技带来的便利。在研学旅行活动中，科技类研学旅行课程主题可以侧重于考察科技馆、天文馆、航空航天馆、现代工业和农业等，帮助学生探究科技在人类社会发展中各个方面的应用，了解其工作原理，在联系生活实际的基础上加深对课堂知识印象；也可以侧重国防知识的学习和探究，包括国防科学技术、军事训练方法等。

### （五）人文类

人文类研学旅行课程旨在让学生了解和认识一个国家或地区的文化、艺术、教育、习俗等，形成对特定的社会文化现象的综合认知和深入理解。人文类研学旅行课程强调文化理解、欣赏传承，能起到拓宽学生知识面的作用，使学生既可以学到鲜活的知识，又能获得深刻的体悟。人文类研学旅行课程主题可以结合具体的民俗特点，重点突出文化传承与发展；也可以由学生用简洁、活泼的语言来表达自己对当地文化亲身体验后的感受。人文类研学旅行课程包含服饰民俗、饮食民俗、农耕民俗、二十四节气民俗、民间体育竞技在内的物质生活民俗、社会生活民俗、精神生活民俗等内容。

### （六）体验类

体验类是当前研学旅行课程类型中最受欢迎的一类，体验类研学旅行的主题包括社会生活体验、体能拓展训练、职业体验等。

（1）以社会生活体验为主题的课程，需要学生深入社会生活进行学习和探究，到社会中去了解不同的社会分工，就交通、卫生、饮食、就业情况等进行考察，以此体验社会角色以及每种社会角色的重要性，从而培养社会责任感。这类课程主题应体现不同社会角色不同的社会使命。

（2）以体能拓展训练为主题的课程，可以增强学生的体能。要培养的人才是德、智、体、美、劳全面发展的人才，其中"体"不可忽视。在针对提高学生体能开展的研学旅行活动中，教师可以带领学生到野外去，在保障安全的基础上训练学生体能，让学生掌握一些地理知识、急救护理知识，培养学生在恶劣环境下的生存能力，锻炼他们的意志。这类课程主题要注意激励学生挖掘自身潜能、团结同学。

（3）以职业体验为主题的课程，主要是通过让学生参观一些机构来了解社会机构的功能以及这个机构中工作岗位的职业性能，从而提高学生对各类职业的认识和对社会的了解，满足学生的职业好奇心，有利于学生职业生涯的发展规划。这类研学旅行课程在我国开展得较少，但随着高中生职业生涯发展规划课程的实施，以职业体验为主题的课程将成为今后研学旅行的热点。

# 第二节 研学旅行课程目标

研学旅行课程目标是指在研学旅行课程设计与开发过程中，一定阶段的学生通过研学旅行课程的实施，在德、智、体、美、劳等方面应达到的程度。课程目标具有重要的导向作用和指导价值，既有利于落实立德树人、培养人才的根本任务，也能对研学旅行课程开发、实施和评价提出总体性的质量上的要求；可以引领研学旅行课程开发和实施的方向；是课程内容、课程实施、课程评价的重要参考标准。

## 一、研学旅行课程目标设计的理论依据

课程目标设计的主要理论依据有国家政策、教育理论、课程理论和学校课程教学目标等。

（一）国家政策依据

研学旅行是有意组织的活动，需要有明确的目标和计划。国家陆续出台的一系列关于研学旅行的政策性文件都对研学旅行课程目标提出了相应的要求。

涉及研学旅行课程目标的政策性文件及相应内容，见表 4-1：

表 4-1 涉及研学旅行课程目标的政策性文件及相关内容

| 文件发布时间 | 政策性文件 | 涉及课程目标的相关内容 |
|---|---|---|
| 2014 年 8 月 9 日 | 《国务院关于促进旅游业改革发展的若干意见》（国发〔2014〕31 号） | 将研学旅行、夏令营、冬令营等作为青少年爱国主义和革命传统教育、国情教育的重要载体，纳入中小学生日常德育、美育、体育教育范畴，增进学生对自然和社会的认识，培养其社会责任感和实践能力 |
| 2016 年 3 月 18 日 | 《关于做好全国中小学研学旅行实验区工作的通知》（基—司函〔2016〕14 号） | 培养中小学生的创新精神和实践能力 |
| 2016 年 11 月 30 日 | 《关于推进中小学生研学旅行的意见》（教基—〔2016〕8 号） | 以立德树人、培养人才为根本目的，因地制宜开展研学旅行。让广大中小学生在研学旅行中感受祖国大好河山，感受中华传统美德，感受革命光荣历史，感受改革开放伟大成就，增强对坚定"四个自信"的理解与认同；同时学会动手动脑，学会生存生活，学会做人做事，促进身心健康、体魄强健、意志坚强，促进形成正确的世界观、人生观、价值观，培养他们成为德智体美全面发展的社会主义建设者和接班人 |
| 2017 年 1 月 19 日 | 《国务院关于印发国家教育事业发展"十三五"规划的通知》（国发〔2017〕4 号） | 践行知行合一的理念，将实践教学作为深化教学改革的关键环节，丰富实践育人有效载体。制订中小学生综合实践活动指导纲要，注重增强学生实践体验 |
| 2017 年 7 月 17 日 | 《教育部办公厅关于开展 2017 年度中央专项彩票公益金支持中小学生研学实践教育项目推荐工作的通知》（教基厅函〔2017〕25 号） | 着力提高中小学生的社会责任感、创新精神和实践能力 |

| 文件发布时间 | 政策性文件 | 涉及课程目标的相关内容 |
|---|---|---|
| 2017 年 8 月 17 日 | 《中小学生德育工作指南》 | 开展各类主题实践；加强劳动实践；组织研学旅行；开展学雷锋志愿服务；不断增强学生的社会责任感、创新精神和实践能力 |
| 2017 年 9 月 25 日 | 《中小学综合实践活动课程指导纲要》 | 以培养学生综合素质为导向。强调学生综合运用各学科知识，认识、分析和解决现实问题，提升综合素质，着力发展核心素养，特别是社会责任感、创新精神和实践能力，以适应快速变化的社会生活、职业世界和个人自主发展的需要，迎接信息时代和知识社会的挑战 |
| 2017 年 12 月 6 日 | 《教育部办公厅关于公布第一批全国中小学生研学实践教育基地、营地名单的通知》（教基厅函〔2017〕50 号） | 各省级教育行政部门要指导各地各校充分利用研学实践教育基地、营地，组织开展丰富多彩的研学实践教育活动，帮助广大中小学生感受祖国大好河山，感受中华传统美德，感受革命光荣历史，感受改革开放伟大成就，激发学生对党、对国家、对人民的热爱之情，提高中小学生的社会责任感、创新精神和实践能力 |
| 2020 年 3 月 20 日 | 《中共中央、国务院关于全面加强新时代大中小学劳动教育的意见》 | 劳动教育是中国特色社会主义教育制度的重要内容。以习近平新时代中国特色社会主义思想为指导，全面贯彻党的教育方针，落实全国教育大会精神，坚持立德树人，坚持培育和践行社会主义核心价值观，把劳动教育纳入人才培养全过程，贯通大中小学各学段，贯穿家庭、学校、社会各方面，与德育、智育、体育、美育相融合，紧密结合经济社会发展变化和学生生活实际，积极探索具有中国特色的劳动教育模式，创新体制机制，注重教育实效，实现知行合一，促进学生形成正确的世界观、人生观和价值观 |

## （二）教育理论依据

### 1.教育学理论

研学旅行是一种特殊的教育活动，因此，研学旅行课程目标的设计首先需要教育学领域相关基础理论的支撑。"读万卷书，行万里路""知行合一""事上磨炼"等中国传统教育理念和近代陶行知主张的生活教育理论等，都与研学旅行的精髓深深契合。西方教育思想也高度重视实践中的教育活动，较为典型的西方教育理论有法国政治家、哲学家、教育家卢梭的自然主义教育思想，美国著名教育家杜威的经验学习理论，瑞士著名心理学家皮亚杰的建构主义认知理论，美国著名心理学家罗杰斯的人本主义教育理论，以及美国著名教育家大卫·库伯的体验学习理论。中国教育理论与西方教育理论都为研学旅行课程目标的设计提供了重要的参考依据。例如，卢梭的自然主义教育思想所倡导的受教育者走向大自然、顺其自然本性而教育的理念，是现今研学旅行课程所要重新加以思考并遵循的；杜威所提出的"教育即生长"的教育本质观对设计研学旅行课程目标有重要的启示，即课程目标设计要注重学生的主动生成的过程。

### 2.心理学理论

学习和教育过程是重要的心理活动过程，研学旅行课程目标的设计也需要教育心理学、认知发展心理学及体验心理学等心理学理论的支持。

（1）教育心理学

教育心理学是主要研究教育和教学过程中教育者和受教育者心理现象及其产生和变化规律的心理学分支。美国心理学家桑代克提出的学习三大定律（效果律、准备律、练习律）及个别差异理论，成为20世纪20年代前后教育心理学研究的重要课题。教育心理学从教育的角度去研究人的心理规律，为实际教育教学提供科学的理论指导，因此研学旅行课程目标的设计需要教育心理学的支持。

（2）认知发展心理学

皮亚杰提出的心理发展观是对当代认知发展心理学影响最大的理论。皮亚杰认为，心理结构的发展涉及图式、同化、顺应和平衡，将儿童智力发展划分为感知运算阶段、前运算阶段、具体运算阶段、形式运算阶段四个阶段，并认为儿童的认知发展过程是一个由低到高的按顺序发展的过程。皮亚杰的心理发展观，不仅为编制适合学生思维和认知发展水平的课程体系提供了理论依据，也为教育工作者开展教育教学活动提供了理论指导。研学旅行课程目标的设计应遵循学生的认知发展水平和规律，应设计适合不同认知阶段学生的课程目标。

（3）体验心理学

大卫·库伯将体验学习阐释为一个包括具体体验、反思观察、抽象概括和行动应用在内的体验循环过程，提出了著名的四阶段"体验式学习圈模型"，将学习者的学习风格大致分为经验型学习者、反思型学习者、理论型学习者和应用型学习者四类。大卫·库伯认为，这四种类型的学习者不存在价值的优劣判别，它们之间存在一定的互补性。因此，研学旅行课程目标的设计要充分考虑学生的学习风格差异。

（三）课程理论依据

研学旅行课程目标的设计除了要考虑国家政策依据和教育理论依据之外，还必须考虑课程的基本原理。关于课程的基本原理主要有以下课程理论：

1.拉尔夫·泰勒的课程目标观

拉尔夫·泰勒是美国著名教育学家、课程理论专家和行为目标的代表人物，他的著作——《课程与教学的基本原理》被誉为现代课程理论的"圣经"。泰勒在《课程与教学的基本原理》一书中就课程目标提出了以下主要观点：

（1）课程目标的重要性

泰勒认为目标是最为关键的，强调在整个教育还未开始之前就应该先把课程目标确定下来，这样课程目标就具有了定位性、先导性。

（2）课程目标的来源

泰勒认为课程目标选择的来源主要包括对学生的研究、对当代社会生活的研究和学科专家的建议。

（3）课程目标的陈述

泰勒认为，教师单向陈述、要素列举陈述和抽象概括陈述这三种课程目标陈述形式是不完备的，必须选择其他的陈述形式。他指出，最有效的目标陈述形式是，既要指出应使学生养成哪种行为，又要说明何种行为能具体运用在何种生活领域。

（4）课程目标的内在结构

泰勒指出，课程目标的内在结构主要包括行为和内容两个方面，前者是指要求学生表现出来的行为，这里的行为往往是那些显而易见的外在行为，后者是指这种行为所适用的领域。

泰勒的课程目标观对研学旅行课程目标设计的启示主要有：

①研学旅行课程设计应充分认识课程目标的重要性，高度重视课程目标的设计；

②应从学习者本身、当代社会生活和学科专家的建议三个方面来确立课程目标，这为研学旅行课程目标的确立提供了依据；

③学生才是课程目标陈述的主体，这为研学旅行课程目标的编写奠定了理论基础，例如可以通过研学旅行课程提升学生的综合实践能力。

## 2.劳伦斯·斯滕豪斯的生成性目标理论

劳伦斯·斯滕豪斯是英国著名的课程理论家，在教育研究和探讨课程的设计发展方面做出了卓越贡献。生成性目标理论源于杜威，在斯滕豪斯的理论中得到倡导和传播。斯滕豪斯认为，生成性目标不是由外部事先规定的目标，而是在教育情境之中随着教育过程的开展而自然生成的目标，它关注的是学习活动的过程，而不是结果。生成性目标最大的特点在于它的生成性，它是在问题解决过程中形成的，不是预先设定的；它是通过学生、教师与环境在教学过程中相互影响和作用而产生的。

斯滕豪斯的生成性目标理论对研学旅行课程目标设计的启示主要有以下两个方面：

（1）生成性目标关注学生学习过程中的生成性，与研学旅行课程目标不谋而合。研学旅行课程是一门集实践性、开放性和生成性于一体的课程，研学过程是实现课程目标的途径与载体，生成性是研学旅行课程目标的特点之一。

（2）生成性目标提倡为学生的自由成长提供足够的空间，因此研学旅行课程目标设计应预留一定的弹性空间。

## 3.艾斯纳的表现性目标理论

艾斯纳是美国著名的美学教育家、课程论专家。艾斯纳特别强调课程目标的重要性，表现性目标是艾斯纳提出的叙写课程目标的一种主张。艾斯纳表现性目标理论的主要观点如下：

（1）行为目标是基础，涉及的是人类为未来生活做好准备的较低层面的素质。表现性目标才是课程目标的中心和根本，重视人的个性，尤其是教师和学生在课程教学中的自主性、创造性，强调较高层次的素质才是人类在未来生活中为获得个性解放的重要学习内容。

（2）表现性目标是唤起性的，而非规定性的。表现性目标关注的是学生在具体的教育教学实践活动中表现出的个性和结果，而不是在活动之前设定的目标。艾斯纳认为，课程是学生个性发展和创造性表现的过程。

（3）表现性目标适用于表述复杂的智力性活动，已有的技能和理解是这种活动得以进行的工具，并且这类活动有时需要开发新的智力工具，进而产生创造性的活动。

艾斯纳所提出的表现性目标对研学旅行课程目标设计的启示有以下两个方面：

（1）表现性目标强调个性解放和主动生成，研学旅行课程目标设计要关注学生在实践活动中表现出来的个性解放和主动生成。

（2）艾斯纳主张目标表现宜采取开放式的形态，不强求统一的规格和标准，重视课程活动及其结果的个体性、差异性，这为研学旅行课程目标的陈述提供了借鉴。

### 4.布鲁姆的教育目标理论

布鲁姆是美国著名的教育家和心理学家，他于1956年提出的认知领域目标分类掀起了20世纪教育目标分类的热潮，该分类系统一直为国内外教育界广泛采用。1964年，布鲁姆又与克拉斯沃等人提出了情感领域目标分类的原则。1972年，美国的哈罗和辛普森进一步提出动作技能领域目标分类的原则。以下三部分共同组成了一个完整的布鲁姆教育目标分类体系：

（1）认知领域。布鲁姆将认知领域从低到高依次分为知道（认识并记忆）、领会、应用、分析、综合和评价六个层次。

（2）情感领域。情感领域的中心是价值（态度）、兴趣、爱好和欣赏。依据价值内化的程度，情感可以分为接受、反应、价值化、组织和价值的性格化五个级别。

（3）动作技能领域。该领域的目标分类相比于前两个领域的目标分类出现得要晚一些，哈罗、辛普森等人提出了该领域的不同分类方法。辛普森于1972年将动作技能领域的目标分为七级，分别为知觉、定势、指导下的反应、机械动作、复杂的外显反应、适应和创新。

布鲁姆的教育目标理论对研学旅行课程目标设计的影响主要表现在以下两个方面：

（1）布鲁姆的教育目标理论是我国课程标准中提出的三维目标，即知识与技能、过程与方法、情感态度与价值观的理论依据。

（2）布鲁姆的教育目标理论为研学旅行课程目标的制定提供了理论与实践依据，是指导研学旅行课程目标设计的重要工具。

## （四）学校课程教学目标依据

### 1.三维目标

三维目标是指学生在接受教育的过程中应该达成的三个层次的目标，即知识与技能、过程与方法、情感态度与价值观。三维目标的本质是为了促进人的全面发展。研学旅行课程目标设计的出发点应当是促进学生的全面发展，因此研学旅行课程目标设计应该涵盖三维目标的内容，并且以情感态度与价值观为首要目标。

### 2.核心素养目标

学生发展核心素养主要是指，学生应具备的，能够适应终身发展和社会发展需要的必备品格和关键能力。我国学生核心素养培养以"全面发展的人"为核心，其框架由文化基础、自主发展、社会参与三个方面构成，综合表现为人文底蕴、科学精神、学会学习、健康生活、责任担当、实践创新六大素养，具体细化为国家认同等十八个基本要点。

一方面，核心素养框架体系为研学旅行课程目标设计提供了新的理论基础；另一方面，研学旅行课程很好地契合了核心素养中的六大素养，是落实核心素养目标的具体方法。研学旅行课程目标设计的出发点是培养学生的全面发展。

### 3.综合素质目标

2017 年 9 月，教育部颁发《中小学综合实践活动课程指导纲要》，明确规定了综合实践活动的课程总目标，即"学生能从个体生活、社会生活及与大自然的接触中获得丰富的实践经验，形成并逐步提升对自然、社会和自我之内在联系的整体认识，具有价值体认、责任担当、问题解决、创意物化等方面的意识和能力"。因此综合实践活动课程在提出总目标的基础上，具体分为价值体现、责任担当、问题解决、创意物化四个方面的内容，并对小学、初中、高中三个学段分别提出学段目标。

《中小学综合实践活动课程指导纲要》对综合实践活动课程目标的规定，是研学旅行课程目标编写的主要依据。一方面，综合实践活动课程目标为研学旅行课程目标维度的确定提供了依据；另一方面，综合实践活动课程目标为研学旅行课程目标的具体陈述提供了参考。综合实践活动课程目标的陈述内容和研学旅行课程目标有很多相似之处。有的研学旅行指导师在设计研学旅行课程目标时，根据主题课程总目标和学段目标，结合具体课程资源，直接结合综合实践活动课程在价值体认、责任担当、问题解决、创意物化四个方面进行内容编制，这也是一种有效、快捷的编写方法。

## 二、研学旅行课程目标设计的基本原则

研学旅行课程目标设计必须遵循政治性原则、可测性原则、多维性原则、针对性原则、可行性原则、时限性原则、层次性原则和灵活性原则等基本原则。

### （一）政治性原则

研学旅行课程以立德树人、培养人才为根本目的。研学旅行指导师是从事立德树人工作的教育工作者，最终目的是培养新时代中国特色社会主义新人。因此，研学旅行课程目标设计必须强调立德树人目标，这样才能实现教书育人的目的。

## （二）可测性原则

可测性原则是指课程目标的陈述应力求准确、具体、表达清晰，体现目标的可操作性和可检测性。课程目标的表述应详细规定学生要达到的发展水平，有明确的数据或可观测的表现，并使之具体化，便于研学旅行指导师、学生和研学旅行活动各方管理者检测是否到目标。课程目标的表述要避免含糊不清和不切实际，否则将造成难以理解和把握的后果，导致无法在研学旅行课程教学中有效执行。

## （三）多维性原则

多维性原则力求学生获得全面发展，体现目标的多维性。知识与技能的传授并非课堂教学的唯一任务，甚至都不是主要目标，需要注重研学旅行过程与方法掌握的设计，更要有情感态度与价值观提升的内容。每位研学旅行指导师在每次研学旅行活动中，都必须想办法促进学生的全面发展问题。

## （四）针对性原则

研学旅行课程目标不应是固定的、公式化的，其完成顺序也不应该是一成不变的，而应相对精准地体现研学旅行课程的性质、课程内容的重点与难点、学生及其在特定社会时期的发展需求。

## （五）可行性原则

研学旅行课程目标的确立应基于学生的素质、经历等情况，以实际工作要求为指导，充分考虑所设立的目标是否可行或可操作。

## （六）时限性原则

研学旅行课程目标的确立和实施会受到时间的影响和制约。一方面，研学旅行课程目标都是要求在特定时间内达成的，目标的设立必须指明时间区间；另一方面，在不同的时段，课程目标是发展、变化的，研学旅行课程设计者要根据环境和课程内部条件的变化及时制定新的课程目标。没有时间限制的课程目标不仅没有办法考核，而且容易导致考核结果不公平。

## （七）层次性原则

层次性原则是指课程目标设计要考虑地域差异、学生个体的差异，以及学习结果的层次性、差异性。研学旅行课程设计者应基于这些差异制定相应的课程目标，以确保课程目标的针对性、层次性。

## （八）灵活性原则

在研学旅行课程实施过程中，研学旅行课程目标并不是一经确定后就一成不变的，课程目标受到所处的外部环境和内部环境的影响，具有随时被调整或改变的可能。因此，一方面，课程目标的设计需要考虑未来可能出现的变化情况，应更具有科学性；另一方面，在外部环境等影响因素变化时，需要随时调整课程目标，以便更好地适应课程的开展。

研学旅行活动要求人人参与，力求每个学生都获得发展，不能让任何一个学生掉队。这就要求研学旅行课程目标具有一定的灵活性，考虑学生之间的差异性。研学旅行指导师教学的高标准就是，无论学生的学识高低，都要激发他们对学习的自豪感，培养学生刨根问底的习惯，引导学生进行深入思考。

# 三、研学旅行课程目标设计的步骤

研学旅行课程目标分为主题课程总目标、学段目标和专题课程目标。

## （一）主题课程总目标的设计步骤

研学旅行课程的主题课程总目标是基于教育目的和培养目标确立的，是教育目的和培养目标在教育活动中的具体化。主题课程总目标指明了该课程的基本任务，是全部课程活动的出发点。主题课程总目标的设计受学生情况、社会生活现状及学科专家的建议三个方面的影响。主题课程总目标的设计一般要经历以下六个基本步骤：

（1）研究教育目的与培养目标。

（2）分析课程目标来源因素。

（3）分析研学旅行课程的性质。

（4）形成目标草案。

（5）进行论证与修改。

（6）确定主题课程总目标。

## （二）学段目标的设计步骤

学段目标是根据主题课程总目标和学生身心发展水平，来确立的不同学段的课程总目标。学段目标要充分考虑主题课程总目标和学生身心发展水平两个方面的因素。学段目标的设计一般要经过以下六个基本步骤：

（1）研究主题课程总目标。

（2）分析不同学段学生的身心发展水平和认知规律。

（3）分解主题课程总目标并确立各学段目标。

（4）审查、讨论学段目标。

（5）修订审查后的学段目标。

（6）确定学段目标。

## （三）专题课程目标的设计步骤

研学旅行课程专题课程目标是根据主题课程总目标、学段目标和课程资源属性确立的，是学段目标在具体专题课程中的细化。与主题课程总目标和学段目标不同，专题课程目标应更加具体、更具操作性。在确立专题课程目标时，要考虑学段目标和具体的课程资源两个方面的因素。专题课程目标的设计一般要经过以下七个基本步骤：

（1）研究学段目标。

（2）分析不同学段学生的身心发展水平和认知规律。

（3）了解具体课程资源的属性与特点。

（4）撰写专题课程目标。

（5）审查、讨论具体的专题课程目标。

（6）修订审查后的专题课程目标。

（7）确定专题课程目标。

# 四、研学旅行课程目标的构成和陈述方式

## （一）课程目标的构成

一个完整的课程目标包括行为主体、行为动词、行为条件和表现程度四个要素。

（1）行为主体是目标表述句中的主语，意指学习者，这里指学生。课程目标的陈述应指向学生的学习行为，而不是教师的传授行为。规范的课程目标开头应当清楚地表明达成目标的行为主体是学生，如"学生能辨认……""学生能背诵……""学生能解释……"等。

（2）行为动词是目标陈述句中的谓语和宾语，说明通过学习学生应做什么，是目标表述中的基本部分，不能省略。课程目标应采用可观察、可操作、可检验的行为动词来陈述。

（3）行为条件是目标陈述句中的状语，说明上述行为是在什么条件下产生，如"通过小组探究学习，制订……""在网上收集资料，检验……"等。

（4）表现程度规定学生达到上述行为的最低标准，用来测量学生的学习结果所达到的程度，如"能准确无误地说出……""详细地写出……""客观、正确地评价……"等，是目标陈述句中的状语部分。正是限定了目标和水平的表现程度，才更利于检测学生的学习效果。

## （二）课程目标的陈述方式

完整的课程目标体系包括结果性目标、体验性目标与表现性目标三类，目标陈述方式也相应地有结果性目标陈述方式、体验性目标陈述方式、表现性目标陈述方式三种。

### 1.结果性目标陈述方式

结果性目标说明学生的学习结果是什么，指教学活动结束后学生身上所发生的行为变化。这种目标指向具有精确性、具体性、可操作性的特点，主要应用于"知识与技能"领域。结果性目标细分为知识和技能两个子领域。其中，知识分为了解、理解和应用三个水平，技能分为模仿、独立操作和迁移三个水平。结果性目标的陈述见表4-2：

表 4-2 结果性目标的陈述

| 领域 | 目标水平 | 行为动词 | 目标举例 |
|---|---|---|---|
| 知识 | 了解水平：<br>包括再认或回忆知识；识别、辨认事实或证据，举出例子；描述对象的基本特征等 | 说出、背诵、辨认、回忆、选出、举例、复述、描述、识别、再认等 | 运用地质年代等资料，简要描述地球的演化过程。(《普通高中地理课程标准》〔2017 年版 2020 年修订〕) |
| | 理解水平：<br>包括把握内在逻辑联系；与已有知识建立联系；进行解释、推断、区分、扩展，提供证据；收集、整理信息等 | 解释、说明、阐明、比较、分类、归纳、概述、概括、判断、区别、提供、转换、猜测、预测、收集、整理等 | 运用示意图，说明地球的圈层结构。(《普通高中地理课程标准》〔2017 年版 2020 年修订〕) |
| | 应用水平：<br>包括在新的情境中使用抽象的概念、原则；进行总结、推广；建立不同情境下的合理联系等 | 应用、使用、质疑、设计、解决、撰写、拟定、检验、总结、推广、证明、评价、分析等 | 运用图表并结合实例，分析自然环境的整体性和地域差异规律。(《普通高中地理课程标准》〔2017 年版 2020 年修订〕) |
| 技能 | 模仿水平：<br>包括在原型示范和具体指导下完成操作；对所提供的对象进行模拟、修改等 | 模拟、重复、再现、模仿、例证、临摹、扩展、缩写等 | 绘制示意图，解释各类陆地水体之间的相互关系。(《普通高中地理课程标准》〔2017 年版 2020 年修订〕) |
| | 独立操作水平：<br>包括独立完成操作；进行调整与改进；尝试与已有技能建立联系等 | 完成、表现、制订、解决、拟定、安装、绘制、测量、尝试、试验等 | 会正确使用电压表、电流表测量基本的电学量。(《义务教育物理课程标准》〔2022 年版〕) |
| | 迁移水平：<br>包括在新的情境中运用已有技能；理解同一技能在不同情境中的适用性等 | 联系、转换、灵活运用、举一反三、触类旁通 | 结合实例，设计旅游出行的时间、线路，以及景区内部线路。(《普通高中地理课程标准》〔2017 年版 2020 年修订〕) |

## 2.体验性目标陈述方式

体验性目标主要是描述学生自己的心理感受、情绪体验。体验性目标所采用的行为动词是体验性的、过程性的，这种方式指向无须结果化的或难以结果化的课程目标，主要应用于"过程与方法""情感态度与价值观"领域。体验性目标分为三个水平，即经历（感受）、反应（认同）和领悟（内化）。体验性目标的陈述见表4-3：

表4-3 体验性目标的陈述

| 目标水平及含义 | 行为动词 | 目标举例 |
| --- | --- | --- |
| 经历（感受）水平：包括独立从事或合作参与相关活动；建立感性认识等 | 经历、感受、参加、参与、尝试、寻找、讨论、交流、合作、分享、参观、访问、考察、接触、体验等 | 感受数学在实际生活中的应用，体会数学的价值。（《义务教育数学课程标准》〔2022年版〕） |
| 反应（认同）水平：包括在经历基础上表达感受、态度，以及做出价值判断；做出相应的反应等 | 遵守、拒绝、认可、承认、接受、同意、反对、愿意、欣赏、称赞、喜欢、关注、重视、尊重、爱护、珍惜、蔑视、拥护等 | 欣赏并尝试创造数学美。（《义务教育数学课程标准》〔2022年版〕） |
| 领悟（内化）水平：包括具有相对稳定的态度；表现出持续的行为；具有个性化的价值观念等 | 形成、养成、具有、热爱、树立、建立、坚持、保持、确立、追求等 | 具有学习和研究物理的好奇心与求知欲。（《高中物理课程标准》〔2017年版，2020年修订〕） |

## 3.表现性目标陈述方式

表现性目标旨在培养学生的创造性，强调学习及其结果的个性化。表现性目标的陈述关注的不是学生在教学活动结束后应该展示的行为结果，而是学生在此情境中获得的个人意义。表现性目标主要应用于对实践类和艺术类课程的陈述。表现性目标分为复制和创作两个水平。表现性目标的陈述见表4-4：

表 4-4 表现性目标的陈述

| 目标水平及含义 | 行为动词 | 目标举例 |
|---|---|---|
| 复制水平：<br>在研学旅行指导师的提示下，重复某项活动；利用可得到的资源，复制某项作品、产品或者某种操作活动；按研学旅行指导师的指令或提示，利用多种简单技能完成某项任务等 | 从事、做、说、画、写、表演、模仿、表达、演唱、展示、复述等 | 能用打击乐器或其他课堂乐器进行独奏、简单的合奏或为歌（乐）曲伴奏。（《义务教育艺术课程标准》〔2022 年版〕） |
| 创作水平：<br>按照提示，从事某种比较复杂的创作；按照自己的思路和可得到的资源，完成某种服务；利用多种技能，创作某种产品等 | 设计、制作、描绘、涂染、编织、雕塑、拓、收藏、表演、编演、编曲、扮演、创作等 | 能够根据特定主题和表现需要，选择合适的声音材料和表现形式，与同伴合作编创并表演音乐故事、音乐游戏、短小音乐剧和情景剧等。（《义务教育艺术课程标准》〔2022 年版〕） |

# 第三节 研学旅行课程内容

## 一、研学旅行课程内容设计概述

### （一）课程内容的含义和特点

#### 1.课程内容的含义

课程内容是指课程专家以课程目标为依据，并遵循青少年学生的身心状况及发展规律，考虑学生认知活动的特性，结合课程与教学改革进程中的历史经验，对学生所要学习的具体内容进行选编，所形成的分科或综合性的课程纲要及其教科书。课程内容设计是对学生应当学习的具体知识的谋划和预设。

## 2.课程内容的特点

课程内容是课程的核心要素，它具有系统性、完整性、科学性和规范性的特点。

（1）系统性和完整性

课程内容必须是系统的知识体系，构成课程内容的知识之间具有紧密的结构和逻辑关系。学生通过学习课程内容，在掌握知识的同时，增强了运用知识分析问题、解决问题的能力。某一学科完整的知识体系可以培养学生在该学科领域的核心素养，进而促进学生综合素养的发展。

（2）科学性和规范性

课程内容应具有科学性，这主要是指作为课程内容的材料要科学准确、逻辑清晰、结构严谨。课程内容的规范性包括内容组织所呈现的规范性和语言陈述的规范性，每门学科都要求自身结构规范、语言规范和符号规范。

## （二）研学旅行课程内容的含义和特点

### 1.研学旅行课程内容的含义

研学旅行课程内容是指以研学旅行课程目标为依据，遵循不同学段青少年学生的身心发展规律，并考虑学生认知活动的特性，对学生所要学习的内容进行选编形成的研学旅行课程体系。它包含了学生旅行参观、考察和体验研学场所、旅游景区载体、活动场馆、基（营）地的资源，及其所承载的文化、技术、概念、原理、方法和传递的思想与价值观。

研学旅行课程内容的设计与研学旅行课程设计的内容不同。研学旅行课程内容的设计主要指对选定的学习内容进行进一步的细化设计；而研学旅行课程设计的内容主要指设计的项目要素，如课程目标设计、研学旅行方式设计、研学旅行方法设计、课程内容设计、资源设计、课程评价设计等。

### 2.研学旅行课程内容的特点

研学旅行课程内容除了具备一般学科课程内容的特点，即系统性和完整性、科学性和规范性以外，还具有以下几个特点：

（1）内容的教育性

一般的旅游观光活动没有明确的教育目的，重在观赏与领略自然风景，因此旅游观光活动内容的选择具有随意性。研学旅行课程内容则必须与课程目标相一致，并为课程目标服务。

社会是个大舞台，也是全方位的育人场所。走出去、丰富自身体验，比借助书本了解社会更有说服力。设计研学旅行课程内容可以从不同角度考虑，例如，家国情怀类研学旅行课程，涉及爱国主义教育、革命传统教育、国情教育、国土意识、国防意识、红色教育、传统文化教育、改革开放教育、现代化教育、"四个自信"教育等；沟通交往协作类研学旅行课程，涉及集体主义教育、爱的教育、合作意识与能力培养、文明素质教育等。这些类别并不是孤立的，往往在一次研学旅行课程中涉及多种教育类型，并且起到综合育人的效果。

（2）内容的实践性

研学旅行课程内容是在真实的情境和场景中进行表现的。它不同于学科课程的文字表达，也不同于实验室控制条件下的机械操作，学生是在现实情境中学习、在现实情境中实践的，课程内容的学习过程就是学习经验的实践过程。

研学旅行课程以自然世界为教材，引导学生亲近自然、了解社会、参与生活、理解各地文化、开展科学考察，在实践中产生真知、检验真知，提高学习效率，丰富知识与体验，感知知识的力量和人生的意义。这些都表现出研学旅行课程内容的实践性，弥补了校内课程育人方式的不足，意义非凡。

（3）内容的体验性

学科课程的学习活动重在向学生传授学科知识，培养学科应有的思维方式，倾向于学科抽象思维的培养。而研学旅行课程的内容则具有突出的体验性特征，在真实的场景中实施，必须真实地满足学生的体验。

设计研学旅行课程内容，要全面考虑游历体验、生活体验、情感体验、意志体验、观念体验和价值体验。

①游历体验。游历体验伴随研学旅行的全过程，包括线路设计体验、时空变化体验、异质环境体验等。古人讲"行万里路"，就是在提倡积累游历体验。

②生活体验。学校生活相对于社会生活、自然生活而言，显得单一。研学旅行课程让学生既能接触美好的自然生活、获取自然体验，又能参与复杂多变的社会生活、增加社会体验。这对于学生来说，是难得且宝贵的财富。

③情感体验。研学旅行过程中一些特殊的事情会引起人的情绪反应和情感变化，这种反应和变化既包括喜、怒、哀、乐、惧等常见情绪，又包括对人、事、景、物、家、国等的情感激荡。

④意志体验。到陌生的地方，总会面临一些挑战，人的意志在挑战面前会有不同程

度的反应。研学旅行课程能够培养学生坚强的意志、冒险的精神、受挫的能力、挑战的勇气，这种体验往往比在学校的经历更加令人印象深刻。

⑤观念体验。在研学旅行过程中，学生会接触到更多的人、事、景、物，其中就蕴含种种世界观、人生观、价值观，例如关于"诗与远方"的思考，让学生有了异地、异乡的观念体验。

⑥价值体验。价值体验是一种高级形态的体验，它往往是在比较中产生的。研学旅行课程为学生提供了比较的现实场景，这有助于引导学生在体验后思考什么样的人生更精彩、什么样的事情更有价值。

（4）结果的发散性

科学规律的应用需要遵循一定的步骤，规律应用过程中形成的思维具有标准性，实现课程目标使学生习得一定的方法，形成一定的学科思维。而研学旅行课程则不同，一个团队的学生虽然完成了完全相同的学习课程，但不同学生的学习结果是各不相同的，对于同一事物，每个学生的看法不尽相同，大家观察和思考问题的角度也会有差异。因此，研学旅行课程的学习结果具有发散性。

由于学生个体在投入程度、认知水平、感知灵敏度等方面有所不同，因此每个学生从研学旅行课程中最终获得的价值是不同的。作为主办方，学校要尽力让每个学生在获得共同的课程价值的前提下，最大化延展个体自身获得的课程价值。学校应在课程实施前向学生交代清楚这一点，也可以通过激励措施引导学生产生更多的领悟。

## （三）研学旅行课程与学科课程的关系

### 1.研学旅行课程与学科课程的衔接

研学旅行教育与校内教育紧密联系，共同构成了完整的教育体系。根据研学旅行课程的要求，可以设计出与校内学科课程相衔接的课程内容。

（1）把在学校不便实施的学科课程内容调入研学旅行课程中

任何一种课程的实施都有相关的实施条件，学科课程也是如此。有的学科课程内容对实施条件的要求较高或较为特殊，或者在研学旅行环境中实施效果更好，便可以将这部分课程内容由校内课程转移到研学旅行课程中，例如，一些理科的实验、地理与生物课程的部分学习内容、一些与学科前沿知识相关的学习内容等。

（2）把可以拓展的学科课程内容引入研学旅行课程中

学科课程是例子，是引子，只有举一反三、触类旁通，学生才能真正掌握、学会学习。部分学科课程内容的深度、广度是不可限量的。研学旅行课程设计者可以系统挖掘，编制成系列研学旅行课程，进而将相关课程知识关联起来并延伸开来。设计和实施研学旅行课程，应引导学生主动运用各门学科知识，综合分析并解决实际问题，使学科知识在研学旅行课程中得到延伸、综合与重组。针对学生在研学旅行课程中发现的问题，教师要在相关学科教学中分析、解决；针对学生在研学旅行课程中获得的知识，教师要在相关学科教学中拓展、巩固。

（3）系统梳理，形成两大课程体系

学校应进行系统梳理，形成基于学校学科课程和研学旅行课程的互补体系和拓展体系两大课程体系，并对两大课程体系进行结构化处理。互补体系可以按照学科课程体系构建，以学科课程为本体，以学科课程的素养结构为框架，按照教材的知识、能力体系编排。拓展体系在进行梳理时应按照学科课程教材的次序进行，梳理完后还要按照研学旅行课程的规律重新编排，将学科内整合与跨学科融合的理念贯穿其中，构建基于不同主题的课程门类，培养学生的综合素养。在实际操作中，两类课程体系可以单独实施，也可以融合实施。

**2.研学旅行课程与学科课程的融合**

研学旅行是校内教育和校外教育衔接的创新形式，是教育教学的重要内容，研学旅行课程需要与国家课程、地方课程、校本课程融合实施。

（1）根据不同学段课程，设计研学旅行课程内容

研学旅行课程应在学生认知程度和范围内开展，若超越学生的认知程度，学生则无法理解，难以开展研学；若低于学生认知程度，则无法刺激学生的探究欲望，无法促进学生认知结构的发展。例如，张家界国家森林公园在不同学段的语文、地理等学科中均有涉及，开展有关张家界国家森林公园的研学旅行活动，可以根据学生的认知基础融合相关学科课程，进而设置课程目标和课程内容。

（2）多学科融合，多主体参与

传统的学校课程以学科课程为主，所学内容也为某一学科单一的系统性知识。研学旅行课程是一门综合性课程，因此研学旅行课程的开发应注重多学科融合、多主体参与，跨学科边界、课堂边界、资源边界和时空边界。

## 二、研学旅行课程内容的类型

研学旅行课程内容是综合实践育人工作的有效载体，精心设计丰富多彩的研学旅行课程内容，是提高研学旅行课程质量的根本保证。参照《教育部办公厅关于开展"全国中小学生研学实践教育基（营）地"推荐工作的通知》（教基厅函〔2018〕45 号），2020年发布的《中共中央 国务院关于全面加强新时代大中小学劳动教育的意见》，以及教育部《大中小学劳动教育指导纲要（试行）》，再结合研学旅行实践，研学旅行课程内容可以整合为四大主题类型，分别是国情教育主题类型、国防科工主题类型、自然生态主题类型和优秀传统文化主题类型。

### （一）国情教育主题类型

国情教育主题类型课程以能够体现基本国情和改革开放成就的美丽乡村、传统村落、特色小镇、大型知名企业、大型公共设施、重大工程等作为研学旅行课程目的地，主要目的是引导学生了解基本国情及中国特色社会主义建设的成就，激发学生的爱党、爱国之情。

### （二）国防科工主题类型

国防科工主题类型课程以国家安全教育基地、国防教育基地、海洋意识教育基地、科技馆、科普教育基地、科技创新基地、高等学校、科研院校等作为研学旅行课程目的地，主要目的是引导学生学习科学知识、培养科学兴趣、掌握科学方法、增强科学精神，树立国家安全意识与国防意识。

### （三）自然生态主题类型

自然生态主题类型课程以城镇公园、植物园、动物园、风景名胜区、世界自然遗产地、世界文化遗产地、国家海洋公园、示范性农业基地、生态保护区、野生动物保护基地等作为研学旅行课程目的地，主要目的是引导学生感受祖国大好河山，树立学生爱护自然、保护生态的意识。

（四）优秀传统文化主题类型

优秀传统文化主题类型课程以旅游服务功能完善的文物保护单位、古籍保护单位、博物馆、非遗文化场所、优秀传统文化教育基地等作为研学旅行课程目的地，其主要目的是引导学生传承中华优秀传统文化核心思想理念、中华传统美德、中华人文精神，坚定学生的文化自觉和文化自信。

## 三、研学旅行课程内容的设计原则

在设计研学旅行课程内容时，应遵循以下几个主要原则：

### （一）教育性原则

开展中小学研学旅行课程，是深化基础教育改革、发展素质教育、落实立德树人根本任务的一项重要举措。研学旅行课程与不同的学科相结合，能够给学生带来不同的体验，实现不同的教育目标。例如，在语文研学旅行中，教师让学生走进文学作品中的现实场景、体验作者的经历，既能增强学生对文学作品的领悟能力，又能增强学生的文化自信；在体育研学旅行中，教师让学生观看体育赛事、参加大规模比赛，可以达到愉悦学生身心和增强学生意志的效果。

旅行是研学的载体，研学是旅行的目的。在研学旅行课程内容设计过程中，研学旅行课程设计者要始终坚持教育是旅行目的的原则，利用旅行中的各种事物，教书育人的目标。研学旅行课程设计者要确定略高于学生身体和智力发展且可评估的课程目标，选择具有教育意义、能引导学生树立正确的人生观、能培养学生综合思维、能提高学生综合实践能力的课程内容。同时，在组合研学旅行资源时，设计者还要结合教育学、心理学知识，按照符合学生认知规律的顺序，将选好的研学旅行资源有机组合起来，以达到更好的教学效果。

### （二）实践性原则

研学旅行课程本质上是实践性课程。在研学旅行过程中，学生想要探寻问题的答案，就需要提取已储备的知识来解决现实的问题，改造并重构自身的知识结构，由此使得理性认识与感性认识紧密联系起来。由此可见，研学旅行课程强调学生亲身经历各项活动，在动手做、实验、探究、设计、创作、反思的过程中进行体验、体悟、体认，在全身心参与活动的过程中发现、分析和解决问题，体验和感受生活，提高实践能力和创新能力。

研学旅行课程内容的设计要切实地让学生动起来，让学生学会动手、动眼、动耳、动口、动脑，调动所有感官参与课程实践，学会解决具有一定复杂性、涉及多学科知识的问题。

### （三）开放性原则

研学旅行超越了教材、课堂和学校的局限，向自然、社会和学生的生活领域延伸与扩展，加强了学生与自然、社会、生活的联系，因而研学旅行课程内容必然具有开放性的特征。由于研学旅行在不同的时间和空间里呈现，即使是同一个课程内容，也会呈现丰富多彩的表现形式。随着课程的展开，学生会不时迸发出新的思想火花，生成新的课程内容，从而使研学旅行的广度得到扩展、深度得到延伸。在相同的课程内容中，学生因个体经验的差异而趋向各自感兴趣的认知场所，这就为学生的个性发展提供了开放的空间。因此，在设计研学旅行课程内容时，研学旅行课程设计者要基于学生已有的经验、兴趣和专长，打破学科界限，选择综合性的活动内容，鼓励学生跨领域、跨学科学习，为学生自主学习留出空间；还要引导学生学会拓展活动内容，使自己的个性特长、实践能力、服务精神和社会责任感不断获得发展。

### （四）安全性原则

研学旅行课程内容设计要坚持安全第一的原则。每门课程和实地考察项目，都要有安全教育内容设计，并指导学生注意研学旅行过程中的个人安全。有实地考察项目的研学旅行活动不仅要配备研学旅行指导师和带队老师，而且要配备安全员。

安全性原则要贯穿研学旅行课程内容设计的整个过程。研学旅行课程设计者在设计课程内容时，要选择积极向上、能带给学生正能量的主题，不能选择超出学生能力的课程内容；要充分结合教育学、心理学知识，设置符合学生身心和智力发展规律的课程内容，让学生在研学旅行课程中获得乐趣和成就感。同时，在选择研学旅行课程教学资源时，研学旅行课程设计者应避免选择危险性较高的教学资源，要提前对每个研学旅行资源点进行实地考察，并请求野外生存专家和应急救援专家的协助，探究可能发生的意外情况并制定详细的应急方案；还要充分考虑研学旅行活动过程中的不稳定因素，消除可控的潜在风险，防范不可控风险。

（五）启发性原则

启发性原则是指在研学旅行课程中研学旅行指导师要充分发挥主导作用，通过活动内容最大限度地调动学生学习的积极性和自觉性，激发学生积极思考，促使其主动探求知识，增强其独立分析问题和解决问题的能力。因此，好的研学旅行课程内容应给学生带来多方面的启发，包括生命价值的思考、生活意义的探寻、思想的触发、文化的熏陶、艺术的感染、科学的启蒙、职业的认知、方法的习得等。

（六）连续性原则

研学旅行课程内容设计应基于学生可持续发展的要求，选择长期、短期相结合的主题活动，使活动内容具有递进性。研学旅行课程设计应使活动内容由简单到复杂，使活动主题由浅入深地发展，不断丰富活动内容、拓展活动范围，促进学生综合素质的持续发展。研学旅行课程设计者要处理好学期之间、学年之间、学段之间活动内容的有机衔接与联系，构建科学、合理的活动主题序列。

# 四、研学旅行课程内容的选择依据

研学旅行课程内容的选择依据主要有以下六个：

（一）课程目标

课程内容应与课程目标的要求相对应，确保二者的匹配性和一致性是课程设计有效的保障。只有课程目标与课程内容保持一致，整个课程才会趋于完整。因此，在确定课程目标后，课程内容的选择必须以课程目标为依据，即有什么课程目标，便有什么课程内容。如果课程目标是培养学生解决问题的能力，那么课程内容就应向学生提供发现问题并解决问题的机会；如果课程目标是让学生了解和体验某种民族文化，那么课程内容就应该具有体现这种民族文化的典型资源，让学生有机会走进这种资源情境，近距离观察和体验这种民族文化。

（二）学生需求

研学旅行课程的设置要以学生的身心发展特点和需求为依据，着力于促进学生的全面发展，充分发挥研学旅行课程的特质与优势，以多种方式实现"既游又学"的课程目标。

课程内容要契合学生的需要，要能够激发学生的学习兴趣，从而使学生在学习过程中获得知识、能力、情感、心理等多方面的满足。学生参加研学旅行活动实际所获得的满足既可以是物质层面的，可以是技能与思维层面的，还可以是精神层面的。

例如，学生在研学旅行目的地买到了自己心仪已久的物品，他们获得了物质层面的满足；通过向当地非遗传承人学习某种技艺，学生学会了制造某类物品的方法，读懂了非遗的价值，了解了非遗传承人的想法，获得了技能和思维的发展；在革命圣地，学生感受到了烈士们为国捐躯的高尚情操，默默许下人生的承诺，得到了精神的升华。

### （三）学生基础

课程内容要与学生的能力基础相匹配。研学旅行课程内容具有学段性特征，对于同一研学旅行课程资源，在不同学段课程内容中的呈现应有所区别，课程内容的深度、广度及表现形式都要与学生的学段特点相适应。小学阶段的研学旅行课程应以游览、观光、体验为主，重视游戏性、艺术性内容，减少讲授时间，以满足这一阶段学生好玩、好动的天性；初中阶段的研学旅行课程应设计更多理解性内容，适当增加竞赛、参与、探索性内容，以满足这一阶段学生强烈的求知欲、好奇心；高中阶段的研学旅行课程内容要以知识的拓展、理论的应用、综合性的体验、研究性的学习为主，辅之以观光、考察、游历等活动。

### （四）课程时间

研学旅行课程内容要与课程时间相匹配。有多少时间，就安排多少学习内容。研学旅行课程设计者要善用课程时间，明确各部分课程内容的重要性，在时间总量固定的情况下，对最重要、次重要、一般重要的内容给予合理的时间配置，同时综合考虑各部分课程内容所需的教学活动时间，做到安排得当。例如，对基本概念或事实的介绍，一般采用讲授法，所用时间少；而对一些探究、实验或技能学习，则要预留更多的时间。

### （五）最新理论研究与实践成果

研学旅行课程内容应该与时俱进，反映最新的理论研究与实践成果。首先是科学性，课程内容的选择必须避免错误的概念、原理、事实和方法；其次是前沿性，课程内容必须反映最新的或尖端知识的发展，陈旧的内容应排除在课程内容之外；最后是开放性，研学旅行课程设计者应将不同的观点或解释呈现出来。在研学旅行领域中，很多概念和内容都不局限于一种观点或解释。因此，在选择课程内容时，研学旅行课程设计者有必要将不同的观点或解释都呈现出来，让学生受到更多的启发，有更多的收获。因此，研学旅行课程设计者需要突破自身经验或知识的局限，从其他人或书籍那里获得更多的相关知识，以充实自己。

## （六）课程资源

课程内容的选择要以课程资源为依据。如果有丰富的、可用的课程资源，就能支撑相关课程内容的学习；如果相关的课程资源缺乏，就要考虑删除或削减相应的课程内容，或者通过其他方式获得所需的课程资源。

总之，研学旅行课程内容的设计要与课程目标相对应，与学生需求相契合，与学生基础相匹配。同时，课程内容的选择还要考虑课程时间、最新理论研究与实践成果、课程资源等。

综上所述，研学旅行课程主题是研学旅行教育活动的主旨与核心，研学旅行课程主题的选择应坚持教育性原则、实践性原则、开放性原则、综合性原则、层次性原则、因地制宜原则，以及与时代同步原则。研学旅行课程主题选题方法主要包括整合学科资源法、融合学校活动法、教育目标达成法、挖掘社区资源法、运用社会热点法、生活与职业体验法、研学旅行指导师经验提炼法和学生自主选题法等。

研学旅行课程主题命名需要遵循立德树人原则、教育性原则、题文一致性原则、科学性原则，以及规范性原则。研学旅行课程主题命名的常用方法有聚焦法、抽取法、创新法、"地点+"法等。研学旅行课程命名要经过明确教育目标、遴选关键词、选择恰当的表达方式、锤炼标题文字和确定课程主题名称五个步骤。

研学旅行课程目标分为主题课程总目标、学段目标和专题课程目标。研学旅行课程目标设计的主要理论依据有国家政策、教育理论、课程理论和学校课程教学目标等。

研学旅行课程目标设计必须遵循政治性原则、可测性原则、多维性原则、针对性原则、可行性原则、时限性原则、层次性原则和灵活性原则等基本原则。一个完整的研学旅行课程目标包括行为主体、行为动词、行为条件、表现程度四个要素。研学旅行课程目标陈述有结果性目标陈述方式、体验性目标陈述方式、表现性目标陈述方式三种基本方式。

研学旅行课程内容是指以研学旅行课程目标为依据，遵循不同学段青少年学生的身心发展规律，并考虑学生认知活动的特性，对学生所要学习的内容选编形成的研学旅行课程体系。研学旅行课程内容除了具备一般学科课程内容的特点，即课程内容的系统性和完整性、科学性和规范性以外，还具有内容的教育性、内容的实践性、内容的体验性和结果的发散性等特征。

研学旅行课程内容可以整合成国情教育主题类型、国防科工主题类型、自然生态主题类型和优秀传统文化主题类型四大类型。

研学旅行课程内容的设计要遵循教育性原则、实践性原则、开放性原则、安全性原则、启发性原则及连续性原则。研学旅行课程内容的选择依据有课程目标、学生需求、学生基础、课程时间、最新理论研究与实践成果、课程资源等。

# 第四节 研学旅行课程评价

教育部等 11 部门《关于推进中小学生研学旅行的意见》（教基—〔2016〕8 号）强调，要建立健全中小学生参加研学旅行的评价机制，要求学校在充分尊重学生个性差异、鼓励学生多元化发展的前提下，对学生参加研学旅行活动的情况和成效开展科学评价，并将评价结果逐步纳入学生学分管理体系和学生综合素质评价体系。

## 一、研学旅行课程评价概述

### （一）研学旅行课程评价的概念

研学旅行课程评价是指依据立德树人、培养人才的根本目的，在让广大中小学生于研学旅行活动中感受祖国大好河山、感受中华民族传统美德、感受革命光荣历史、感受改革开放伟大成就的研学旅行教育目标指导下，通过一定的技术手段和方式方法，对中小学生在研学旅行过程中的实践活动、活动过程、活动结果进行科学判定的过程，为研学旅行教育决策和个人发展提供客观事实依据。研学旅行课程评价是一种价值判断活动，是对研学旅行活动客体满足主体需要程度的判断。

### （二）研学旅行课程评价的功能

研学旅行课程评价对研学旅行有导向和监督作用，为教育管理部门和学校等研学旅行开展部门提供了鉴定和管理依据，对研学旅行指导师和学生有诊断和激励作用。

#### 1.对研学旅行的导向和监督作用

研学旅行课程评价的实证性发展和诊断性意见有利于教育管理部门、学校、研学旅行服务机构确定研学旅行指导思想和发展方向，能够为教育管理部门、学校、研学旅行服务机构编制相关措施、改进工作质量提供依据。

研学旅行课程评价的导向和监督作用得到充分发挥，有助于调动学生学习的积极性和主动性，提高学生的人际交往、团队合作等能力，从而提高研学旅行课程的质量。

#### 2.为教育管理部门和学校提供鉴定和管理依据

在研学旅行课程开展过程中，研学旅行课程的目标是否有效达成，活动是否扎实有序推进，都需要研学旅行课程评价来进行鉴定和管理。研学旅行课程评价结果能够为教育管理部门和学校完善研学旅行课程设计、规范研学旅行过程、加强研学旅行指导师培训等，提供数据支撑。

#### 3.对研学旅行指导师和学生的诊断和激励

研学旅行课程评价的基本功能是诊断与评价。一方面，通过对研学旅行课程及其服务的策略、课程实施的可行性和效果、课程实施过程的全面性进行诊断，能够有效地激励研学旅行指导师做好自身工作，更好地进行研学旅行课程指导和教育；另一方面，通过研学旅行课程评价，可以精准分析学生的思维、动手、团结协作等各项能力，以便在日后开展研学旅行活动过程中，针对学生的特点进行有针对性、差异化的教学指导。

## 二、研学旅行课程评价的对象

在研学旅行课程中，评价对象包括研学旅行课程、研学旅行课程实施者、研学旅行主体（学生）、研学旅行线路、研学旅行安全管理等方面。对这些评价对象进行评价，可以不断提高研学旅行课程质量，推动学校全面实施素质教育，引导学生主动适应社会，促进书本知识与生活经验的深度融合，实现研学旅行主体的能力的全方位、多角度提升。

## （一）对研学旅行课程的评价

研学旅行课程的主要实现载体是活动，因此活动设计与实施的质量在很大程度上决定了研学旅行课程的品质。对研学旅行课程的评价，也就是对活动设计与实施的评价，具体包括研学旅行课程目标评价、课程理念评价、课程结构设计评价、课程内容选择评价、课程实施过程评价等方面。

研学旅行课程由于时间、空间的变化较大，活动化是课程开展的基本范式，其中体验式学习活动占比较大。研学旅行课程中的体验式学习活动应是综合性质的主题活动，应该贯穿于研学旅行课程的全过程，并应该具备体验式学习活动的"具体经验—反思观察—抽象概念化—主动检验"基本环节。

因此，对研学旅行课程进行评价，应该包括对研学旅行的行前课、行中课、行后课和后续课程的评价。

开设研学旅行课程，不是简单地带学生去旅游，在旅游过程中穿插一些知识讲座、动手操作、看一看、游一游的肤浅体验，而是遵循体验式学习的特点，完成体验式学习的具体环节，使研学旅行课程的作用得到真正发挥，加深学生对研学旅行课程的印象。

对研学旅行课程进行评价，一方面，可以促使研学旅行课程要素更加完备，促使研学旅行指导师更加规范、积极地思考研学旅行课程中教师、学生的评价问题；另一方面，能够引导教师在开展研学旅行活动时，有所参照地不断对研学旅行课程中的诸多问题进行深入思考。

## （二）对研学旅行安全管理的评价

安全是研学旅行活动有效开展的前提条件。对研学旅行安全管理的评价包括以下几个方面：

（1）安全防范措施是否具有可操作性和针对性。

（2）研学旅行活动是否做好了应急预案；应急预案是否严谨、全面，是否具有可操作性。

（3）研学旅行活动注意事项是否清晰明确，安全防控措施是否完善。

（4）安全防控教育知识读本是否具备，行前说明会是否召开到位等。

（5）研学旅行行程距离及交通工具选择是否恰当。

## 三、研学旅行课程评价的原则

研学旅行课程评价的原则是指在进行研学旅行课程评价时必须遵循的基本要求和准则。研学旅行课程评价的原则体现了研学旅行课程的目的和价值，体现了研学旅行课程评价的指导思想。研学旅行课程评价主要应遵循主体性原则、全面性原则、真实性原则、过程性原则、开放性原则和综合性原则。

### （一）主体性原则

主体性原则是指在研学旅行课程实施过程中，应该始终贯彻我国教育的主体性思想，即在研学旅行课程实施过程中以学生为中心，发挥学生的主体性作用，在评价过程中把学生的主体地位落到实处。在开展研学旅行课程评价过程中，要强调以学生自评为主，增强学生的自我意识，提高学生的综合能力。

学生是研学旅行课程实施的主体。学生在研学旅行课程开展过程中拥有绝对的自我评价发言权。因此，在研学旅行课程评价过程，必须体现学生的主体性原则。

教育的宗旨在于发展学生的主体性。在研学旅行实施过程中，只有学生，才能真实地评价研学旅行课程的内容，评价研学旅行课程是否能够满足自己的需要，是否可以促进自身的发展。主体性原则能够体现研学旅行课程评价者与被评价者的新型关系，使研学旅行课程评价实现主客观的高度统一。

### （二）全面性原则

全面性原则是指要全方位、多角度开展研学旅行课程评价，评价内容应包括研学旅行课程的实施者、研学旅行主体、研学旅行线路和研学旅行安全管理等方面。其中，根据主体性原则，要重点关注研学旅行主体。研学旅行主体的成长是全方位的，因此在研学旅行活动实施过程中，要从学生发现问题、探究问题、自我规划、自我管理、自我发展的角度出发，结合学生的价值观、创新能力、团队合作能力、社会责任感等进行评价。

### （三）真实性原则

真实性原则要求对研学旅行课程实施者、研学旅行主体、研学旅行线路和研学旅行安全管理等进行客观、真实的评价。评价过程要以真实情况作为评价的基础，秉承真实性原则进行评价非常重要。真实性原则要求评价是针对研学旅行课程实施过程的真实情境进行的，对研学旅行主体的实际情况做出客观、真实的分析。只有这样，研学旅行指导师才能在教学目标统一的前提下，对不同研学旅行主体进行有针对性的课程设置。

### （四）过程性原则

过程性原则要求在研学旅行课程实施过程中，坚持以过程评价为价值取向。这不仅要求学校关注研学旅行课程的内在价值，而且要关注研学旅行课程的过程本身，并进行全程评价。研学旅行课程评价的过程性原则不仅要求学校关注研学旅行课程的质量，而且要关注研学旅行主体的参与态度、发现问题和解决问题的能力，以及在整个研学旅行活动过程中获得的直接经验和教训。过程性原则要求评价贯穿研学旅行课程全过程，研学旅行指导师在课程开展的每个阶段都要对研学旅行主体进行评价。

### （五）开放性原则

在研学旅行课程实施过程中，所有的研学资源都是开放的，问题情境也是开放的。因此，研学旅行课程评价要建立与之相匹配的开放性评价指标体系。遵循开放性原则，就要着眼于研学旅行课程设置的合理性和多样化，着眼于研学旅行主体的发展，着眼于研学旅行主体的创新精神和实践能力的培养，着眼于研学旅行线路设置的价值和意义。研学旅行评价的开放性原则体现在时间和空间上的全过程、全方位和全时空开放。

### （六）综合性原则

综合性原则是指评价要兼顾认知、情感、技能等多方面内容。研学旅行课程要强调对研学旅行主体的知识、能力、素养的综合培养。学校不仅要关注研学旅行主体知识、技能的习得和智力的发展，而且要关注研学旅行主体的情感体验、态度养成、价值观形成等。研学旅行课程评价是多学科、综合性知识融合的体现，是研学旅行主体知识的综合运用和能力综合培养的体现。研学旅行评价的综合性原则，体现在研学旅行活动开展的整个过程中。

## 四、研学旅行课程评价的类型

研学旅行课程评价应符合研学旅行课程的特点，其本质是对研学旅行课程及相关情况的价值判断。研学旅行课程的主要评价类型有量化评价、质性评价、诊断性评价、形成性评价、总结性评价、自我评价、他人评价。这些评价类型各有特点，在实际运用中，这些评价有的适合单独使用，有的适合与其他评价类型结合使用。

### （一）量化评价

量化评价是指对评价对象进行定量分析后，确定量化标准，并按照量化标准进行价值判断的评价。在量化评价中，应采用测验的方法，搜集学生在研学旅行过程中的实际表现或者所取得的进步，通过运用数学模型、教育测量与统计、定量计算、模糊数学等方法，对教学效果进行评价。量化评价力图把复杂的教育现象和课程现象简化为数量，进而在数量的分析与比较中推断评价对象的情况。研学旅行课程量化评价表示见表 4-5：

表 4-5 研学旅行课程量化评价表示例

| 阶段 | 评价内容 | 评价标准 | 分数 | 自我评价 | 教师评价 |
|------|---------|---------|------|---------|---------|
| 行前 | 课前准备 | 熟悉研学旅行课程各项任务 | 5 | | |
| | 课前预习 | 查阅研学旅行课程资料，提前预习 | 5 | | |
| 行中 | 文明礼仪 | 讲文明，懂礼貌，尊重师长和同学 | 5 | | |
| | 语言表达 | 表达流畅，有自己的想法和创意 | 5 | | |
| | 组织纪律 | 遵守时间，服从管理 | 5 | | |
| | 自我管理 | 生活自理，自我管理有序 | 5 | | |
| | 团队合作 | 乐于奉献，协同合作 | 10 | | |
| | 沟通能力 | 善于信息传递、反馈 | 5 | | |
| | 安全管理 | 遵守安全管理规定 | 10 | | |
| | 环境保护 | 具有环保意识，爱护环境 | 5 | | |
| | 课堂作业 | 认真完成课堂作业，分享生动的体验 | 20 | | |
| 行后 | 研学报告 | 内容翔实，分析到位，有理有据 | 20 | | |

续表

| 阶段 | 评价内容 | 评价标准 | 分数 | 自我评价 | 教师评价 |
|---|---|---|---|---|---|
| 研学旅行指导师评价 | | | | | 单位盖章 |
| 研学旅行主办方评价 | | | | | 单位盖章 |

量化评价在研学旅行课程中发挥着重要作用，具体如下：

第一，评价结果可以为研学旅行指导师检验与改进教学方法提供依据。

第二，评价结果能够为学生判断自己在学习过程中是否进步提供反馈。

第三，评价结果可以为家长了解自己子女的学习情况提供参考。

## （二）质性评价

质性评价是指以人文主义为认识论基础，通过文字、图片等描述性手段，对评价对象的各种特质进行全面、充分地揭示，以彰显其中意义的教育评价活动。在大自然的教学情境中，评价者通过参与式观察、深度访谈等方式，对评价对象在研学旅行课程开展过程中的表现进行深入、细致的分析和评价。在质性评价系统中，评价资料是评价者价值观的反映。在开展质性评价之前，评价者不知道他需要揭示的内容，随着资料的搜集逐步对评价对象的现状做出描述与分析，从而进行价值判断。对于不同的质性评价主题，会采用不同的方法，具体有参与观察、行动研究等方法。与量化评价的精确定义、精心设计、预设程序和工具等不同，质性评价中的工具和方法是逐渐显露出来的，可以全面地反映评价对象的特征。研学旅行课程质性评价表示例见表 4-6：

表 4-6 研学旅行课程质性评价表示例

| 评价内容 | 评价主体 | | | |
|---|---|---|---|---|
| | 自我评价 | 教师评价 | 组员评价 | 总评 |
| 勇于提出疑问，具有创新思维和见解 | | | | |
| 能够及时发现、分析、解决问题 | | | | |
| 团队合作意识强，个人分工任务完成度高 | | | | |
| 学习能力强，掌握多种技能和方法 | | | | |
| 定量评价 | 评价等级或得分 | | | |

## （三）诊断性评价

诊断性评价是指在研学旅行活动开始前，研学旅行指导师为了了解学生的学习准备情况及影响研学旅行活动的因素而进行的评价，即为了使研学旅行课程的形式、内容、过程等更适应活动对象的自身条件及需求而进行的评价。诊断性评价的目的是分析原因，辨别造成学生学习困难的因素，以便改进研学旅行活动过程。诊断性评价主要有观察、测验、问答、作业分析、调查等方式。

## （四）形成性评价

形成性评价是过程性评价，是指在研学旅行过程中为了调节和完善教学活动，引导教育过程，保证教育教学目标的实现而进行的评价。形成性评价能够对学生是否达到阶段性目标、达到程度如何，做出客观、公正的判断，从而肯定学生已有的发展与成就，增强其自信心，提高其学习兴趣，强化其学习行为，及时发现问题并很好地解决问题。通过形成性评价，研学旅行指导师和学生可以及时发现活动过程中存在的问题与困难，然后寻找问题产生的原因，制定解决问题的方案，以达到一定的学习效果。形成性评价更具人性化，其评价效果更加可靠。学校要实施形成性评价，必须明确规定研学旅行课程每个学习阶段的学习目标及其评价项目。

## （五）总结性评价

总结性评价又称终结性评价、事后评价，是指在研学旅行课程结束一段时间后，为了了解学生的最终学习效果而进行的评价。总结性评价是对研学旅行课程的最终效果做出的评价，以确认学生实现目标的程度，主要用于甄别和选拔环节。总结性评价有助于评定学生在研学旅行课程中对知识、技能的掌握程度，以及能力水平、学习成绩的提高程度，还可以预估学生在后续研学旅行课程学习中的进步程度，为确立新的研学旅行教学目标提供依据。表4-7为诊断性评价、形成性评价和总结性评价对照表：

表 4-7 诊断性评价、形成性评价和总结性评价对照表

| 类型 | 实施时间 | 评价目的 | 评价内容 | 评价方法 | 评价作用 |
|---|---|---|---|---|---|
| 诊断性评价 | 教学之前 | 因材施教 | 必要知识、技能的特定样本 | 观察、测验、问答、作业分析、调查等 | 查明研学旅行主体学习准备情况及研学旅行课程关注点 |
| 形成性评价 | 教学过程中 | 了解学习过程，调整学习方案 | 研学旅行课程单元样本 | 形成性测验、作业分析、日常观察 | 明确研学旅行主体的学习效果，查找提高学习效果的方法 |
| 总结性评价 | 教学之后 | 检验学习结果，评定学习成绩 | 研学旅行课程总教学样本 | 考试、考查 | 评定研学旅行主体的作业成绩，总结经验 |

## （六）自我评价

自我评价是自我意识发展的产物，是自我意识的一种表现形式，是研学旅行主体在研学旅行活动结束后对自己在思想、意愿、兴趣点等方面做出的判断和评价。研学旅行主体通过其他研学旅行主体对其的评价，逐渐学会自我评价。自我评价包含研学旅行主体对自身学习动力、学习策略、知识掌握、学习能力等方面的评价。

# 第五章 研学旅行市场营销与品牌策划

## 第一节 研学旅行市场结构与市场特征

### 一、研学旅行市场结构

（一）研学旅行市场构成要素

研学旅行是一种新的旅游模式，它将旅行与学习有机融合，形成了一种全新的教育实践体验。当前，参与研学旅行的市场主体主要包括政府、旅行社、研学基（营）地、服务机构等供给主体，以及学校、家长和学生等需求主体（如图 5-1 所示）。其中，政府负责拟订相关政策和监管研学旅行的实施情况；作为研学旅行的承办机构，旅行社起到了整合资源和服务的作用，也负责与研学旅行活动主办方沟通、协调；研学旅行基（营）地及专业服务机构是研学旅行的供应方，也是研学旅行活动开展的目的地，它们提供了研学旅行活动开展的场地和配套设施；学校是研学旅行活动的主办方，负责组织学生开展研学旅行活动并制订相应的计划；学生是研学旅行活动的主体，也是学习的受益者；家长则是研学旅行活动的支付者，同时会关注研学旅行的实施效果。

研学旅行市场结构如图 5-1 所示：

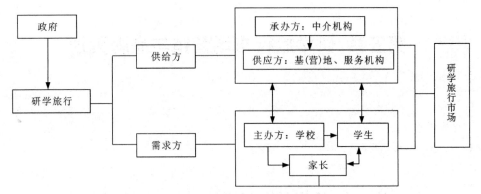

图 5-1 研学旅行市场结构

## （二）研学旅行市场供需结构

研学旅行市场供需结构包含了六个主要因素，即研学旅行政策、市场模式、目的地、产品、服务及信息化平台。

研学旅行政策是供需双方都要了解和遵守的规则。政策包含了政府对研学旅行的支持程度、相关法规及安全保障等方面的规定。这些政策对于研学旅行的顺利开展和健康发展至关重要。

研学旅行市场模式是指组织机构、开展时间、出行范围和出行时间等方面的安排。良好的市场模式能够有效地满足学生的需求，提供多样化的研学旅行方案，同时也能确保旅行的质量和安全。

研学旅行目的地主要包括研学旅行基（营）地及公共文化教育机构等目的地。这些地方提供了丰富的教育资源和活动场所，是学生进行研学旅行的重要场所。

研学旅行产品包括研学旅行线路、研学旅行课程和研学旅行主题等。这些产品需要针对学生的需求和兴趣进行设计和开发，以为其提供多样化的学习体验和机会。

研学旅行服务包括服务人员的配备数量和服务质量等方面。优质的服务能够让学生和家长享受更好的体验和关怀，从而增强对研学旅行的满意度。

研学旅行信息化平台是连接供需双方的媒介。这个平台可以提供各种信息，如政策、产品、服务，以及学生的反馈和评价等。这些信息能够让需求方更好地了解和选择适合自己的研学旅行项目。

总的来说，研学旅行市场的供需结构是一个复杂的系统，需要各个方面的协调和配合，这样才能为研学旅行市场主体提供更好的服务和体验。

## 二、研学旅行市场特征

### （一）从供给端来看，质量不确定

目前，学校开展研学旅行的方式主要有两种，一种是由学校自行组织学生参加研学旅行活动，另一种是由学校委托旅行社、研学旅行公司等机构来进行研学旅行活动。其中，第二种方式因为操作相对简单而被较多学校采用。然而，由于我国研学旅行处于发展阶段的初期，这一教育模式尚存在一些问题，如市场准入门槛较低、竞争不充分、政策制度不完善、学校对研学旅行认识不足等，这些问题给研学旅行市场运行和发展带来了诸多困难。其中，质量不确定是根源问题。在研学旅行机构方面，类别繁杂，推出的游学产品品种多样，质量参差不齐。同时，研学旅行的效果在很大程度上取决于研学旅行公司开发的产品质量以及活动实施的效果。然而，在现实中，绝大多数提供研学旅行业务的公司并非专业出身，导致研学旅行产品只是简单的旅游活动和户外活动的复制或翻版，这大大影响了研学旅行教育价值的发挥。因此，为了提高研学旅行的教育价值，需要加强对研学旅行机构和产品的监管和评估，提高产品质量和安全性，同时加强宣传和推广，提高公众对研学旅行的认识和重视程度。

### （二）从需求端来看，信息不对称

目前，研学旅行机构开展或参与合作的活动，通常通过学校平台进行宣传，并由家长和学生自愿报名参加。然而，研学旅行市场与一般旅游产品市场类似，存在着课程产品抄袭、模仿和复制等问题。由于研学旅行产品的教育本质和教育与旅游相结合的特殊性，小机构和新产品往往只能抄袭和模仿成熟产品表面的介绍和框架，而无法复制产品的内涵、意义和价值。同时，由于教育服务的过程性和终结性影响，需求方只能通过供给方的宣传和价格来推断产品质量。例如，一些传统的旅游产品通过简单包装升级为研学旅行产品，使用夸张的宣传和低廉的价格来争夺市场份额。然而，由于对研学旅行本身缺乏深入的认识和了解，学校、家长在选择研学旅行产品时更加困难。因此，为了提高研学旅行市场的透明度和可信度，需要加强对产品和机构的监管和评估，推动行业标准化和规范化发展；同时，也需要加强宣传和教育，提高学校、家长和学生对于研学旅行的认识和重视程度，从而更好地发挥研学旅行在教育中的作用。

（三）从运行端来看，投机成本加大

投机成本是指由于投机主义行为的存在，整个市场交易的成本变得更加高昂。投机主义是一种为了达到目的而不按照规则行事的行为方式，特别是在考虑原则或中间过程方面。在研学旅行活动中，由于没有专门的研学旅行款项，学校只能通过向学生收取费用来维持研学旅行的开支。这种供给方的垄断性收费导致了市场逐利的投机行为。垄断性收费是指由于缺乏必要的市场参与和监管行业标准，供给方自行制定收费标准，收费缺乏规律性。投机主义行为在研学旅行市场中表现为隐瞒或歪曲教育服务产品的质量信息，以欺骗消费者。而消费者的有限理性使其在签署合同时几乎完全暴露于供给方的投机主义行为所带来的侵害之下，这种信息不对称和欺骗行为给合同签订、执行和完成带来巨大的交易成本。为了降低研学旅行市场中的投机成本，需要加强市场监管和行业标准的制定，加强消费者权益保护和教育宣传。同时，学校和家长也要更加理性地看待研学旅行产品，避免被投机主义行为所蒙蔽。

# 第二节 研学旅行市场营销环境分析及策略

近年来，研学旅行市场逐渐受到广泛关注。由于研学旅行结合了学习和旅行，为学习者提供了丰富的实践经验和自主学习机会，因此在教育领域具有巨大的发展潜力。对研学旅行市场进行深入分析，可以更好地了解市场状况、客户需求和竞争环境，为制定有效的市场营销策略提供依据。

## 一、研学旅行市场环境分析

市场营销环境可从宏观与微观两大方面进行划分：

（一）研学旅行市场营销宏观环境分析

研学旅行市场营销的宏观环境对研学旅行的发展具有重要作用。参与者需要密切关注政策、经济形势、社会需求和技术发展等方面的变化，同时积极参与市场竞争，提高自身竞争力，以实现研学旅行的可持续发展。研学旅行市场营销的宏观环境主要包括以下五大方面：

**1.政策环境**

政策环境对研学旅行市场的发展有着重要影响。近年来，政府出台了一系列支持研学旅行的政策，包括鼓励学生参加研学旅行、加强安全保障、推动行业规范化发展等。这些政策的出台为研学旅行市场提供了良好的政策环境，推动了市场的快速发展。同时，政府的相关政策对行业的发展具有重要影响。例如，政策对研学旅行的课程设计、收费标准、安全保障等方面进行规定和监管，这会对行业的商业模式产生一定影响。

**2.经济环境**

经济环境对研学旅行市场的影响不容忽视。研学旅行作为一种消费较高的活动，家庭的经济状况直接影响学生的参与度。随着经济发展和人民生活水平的提高，家长对子女综合素质教育的重视程度也在不断提高，这将为研学旅行市场提供更大的发展空间。据统计，截至 2022 年，我国研学旅行市场规模已达 200 亿元，预计未来几年内还将保持 10% 以上的年复合增长率。此外，经济周期的波动可能对研学旅行市场产生影响。在经济不景气时期，家长可能减少对研学旅行的预算投入，导致市场需求下降。参与者需要密切关注经济形势，并做好相应的风险管理准备。

**3.社会环境**

社会环境对研学旅行市场的影响较为显著。学生对研学旅行的接受程度和需求受社会环境的影响，社会的教育观念、家长的选择偏好、学生的兴趣爱好等因素都会对研学旅行市场产生影响。此外，社会对安全和环保的关注，也促使研学旅行行业不断提高服务质量和加强安全管理。

**4.技术环境**

技术环境对研学旅行市场的发展起到了重要的推动作用。随着科技的发展，一些新的技术手段被应用于研学旅行，如虚拟现实技术、大数据和人工智能等。这些技术的应用为学生提供了更加丰富和个性化的学习体验，同时也为教育机构和旅行社提供了更好的技术和数据分析支持。

5.行业环境

研学旅行市场的行业环境具有一定的复杂性。市场中的参与者包括教育机构、旅行社、企业、政府机构等，它们需要在市场竞争中提供更好的服务质量和创新的产品设计，以吸引更多的消费者。同时，行业中的竞争者也要关注市场变化和行业趋势，不断进行创新，以满足消费者的需求。

（二）研学旅行市场营销微观环境分析

研学旅行的微观环境包括学校环境、家庭环境、研学旅行服务供应商，以及学生的需求和偏好等方面。这些因素对研学旅行的顺利开展和市场的发展具有重要影响。市场参与者要关注这些因素，并积极进行合作和创新，以满足市场需求，推动研学旅行市场的健康发展。

1.学校环境

学校是研学旅行的主要组织实施单位之一，因此学校环境对研学旅行的影响较大。学校要确立相应的研学旅行计划和方案，组织学生参与研学旅行活动，并提供必要的安全保障。学校还要与研学旅行服务供应商进行合作，确保提供符合学生需求和兴趣的研学旅行产品，同时要关注学生的经济状况，提供适当的补贴和支持。

2.家庭环境

家庭环境对研学旅行的影响至关重要。家长是学生的监护人和主要支持者，他们对研学旅行的态度和投入直接影响学生的参与度和体验感。家庭要为学生提供必要的经济支持，同时也要关注学生的安全和心理健康。此外，家庭也要与学校和研学旅行服务供应商进行良好的沟通和合作，共同保障研学旅行活动的顺利进行。

3.研学旅行服务供应商

研学旅行服务供应商是研学旅行市场中的重要组成部分，他们要提供符合学生需求的研学旅行产品和服务，包括课程设计、师资力量、交通住宿、安全管理等方面。服务供应商要具备专业的教育旅游管理和服务能力，同时要关注产品质量和服务质量，不断提高自身的竞争力。

4.学生的需求和偏好

学生是研学旅行的参与主体，他们的需求和偏好对市场的发展具有重要影响。学生对于研学旅行的需求和偏好包括课程设置、活动安排、学习体验、安全性等方面。同时，学生的经济状况也会影响他们的参与度。因此，市场中的参与者要关注学生的需求和偏好，提供符合学生需求的产品和服务。

## 二、研学旅行市场购买行为分析

研学旅行市场包括消费者市场和组织者市场。对研学旅行市场购买行为进行分析，研学旅行服务供应商可以更深入地了解消费者的需求和偏好，为市场定位、产品开发、服务管理和营销策略等工作提供指导；还可以根据市场变化和消费者需求的变化进行灵活调整，以适应市场的变化和发展。

### （一）消费者

研学旅行市场的消费者可以是个人或组织，如学生、家长、学校、教育机构等。不同消费者的需求、偏好和决策过程可能存在差异。

### （二）购买目的

购买研学旅行的目的可能是实现自我提升、开阔视野、增加实践经验、培养兴趣爱好等。不同的消费者对研学旅行的产品和服务有不同的要求和期望。

### （三）购买渠道

消费者购买研学旅行的渠道可能包括在线平台、旅行社、学校、教育机构等。不同的购买渠道有不同的便利性和服务特点，消费者会根据自己的需求和经验进行选择。

### （四）影响购买的因素

影响消费者购买研学旅行的因素一般包括产品品质与价格、服务水平、安全性、行程安排等。这些因素可能对消费者的购买决策产生不同程度的影响。

### （五）购买过程

消费者在购买研学旅行过程中可能会经历以下几个阶段：需求认知、信息搜索、选择评估、购买决策、消费体验和效果评估。了解消费者的购买过程，有助于针对其需求和期望进行有效的营销策略和产品服务设计。

## （六）购买时间

消费者的购买时间可能受到多种因素的影响，如学校假期、考试安排、季节等。了解消费者的购买时间有助于制订合适的营销计划和产品供给安排计划。

# 三、研学旅行市场营销策略

研学旅行市场营销策略在实际应用中，需要根据具体的市场情况和目标进行调整和优化。同时，市场营销策略的实施也要与产品开发、服务管理等方面紧密配合，以实现最佳的市场营销效果。

## （一）产品策略

研学旅行产品策略应该朝主题化、高品质化、多样化、创新化的方向发展，以满足不同消费群体的需求。

### 1.产品设计

研学旅行产品在设计主题上应该鲜明突出，研学旅行服务供应商应针对不同的消费群体，提供不同的研学旅行线路和主题。例如，研学旅行服务供应商可以针对学生群体，提供文化探索、自然探险等主题的研学旅行；针对中高端消费群体，提供高端海外研学旅行产品等。

### 2.产品质量

研学旅行产品的质量是基础，研学旅行服务供应商要在行程安排、导游服务、教育体验等方面提供高品质的服务。例如，研学旅行服务供应商可以提供专业的导游，确保导游对研学旅行地的文化和历史有深入了解；可以建立客户反馈机制，及时了解消费者的需求和反馈，不断提高产品质量。

### 3.产品组合

研学旅行产品有多种组合，可以满足不同的消费需求。例如，研学旅行服务供应商可以为消费者提供单独的研学旅行线路或课程，也可以提供研学旅行和酒店、景点等的组合套餐服务。

### 4.产品创新

研学旅行产品最关键的就是创新。在产品创新方面，研学旅行服务供应商可以通过提供新的研学旅行线路和主题、改进服务体验等方式来吸引消费者；可以考虑与知名景点、教育机构等合作，推出合作产品或特色服务，提高产品创新性和竞争力。

### 5.品牌建设

研学旅行服务供应商应注重品牌建设，通过优质的服务和独特的产品设计，提高品牌的美誉度和忠诚度；可以加强与消费者的互动，如提供旅行反馈和分享活动，增强品牌的互动性和口碑效应。

## （二）价格策略

研学旅行市场营销价格策略是确保市场竞争力的重要因素之一。研学旅行服务供应商通过合理的价格定位、差异化定价、促销活动、会员制度、捆绑销售等方面的策略制定和实践应用，能够使研学旅行市场营销活动更好地满足客户的需求，增加市场份额和提升品牌形象。

### 1.实施合理的价格定位

研学旅行服务供应商在制定研学旅行市场营销价格策略时，需要进行价格定位。价格定位需要考虑产品或服务的成本、市场需求及竞争状况等因素。合理定价可以平衡客户需求和利润空间，提高市场竞争力。在研学旅行市场中，价格定位可根据目标市场的需求和客户的购买能力来确定，以确保产品定价既能吸引客户，又能保证盈利。

### 2.差异化定价

差异化定价是一种有效的价格策略，研学旅行服务供应商可以根据客户的需求和购买能力，提供不同价格和服务的选项。差异化定价，可以满足不同客户群体的需求，提高市场覆盖率。在研学旅行市场中，研学旅行服务供应商可以根据服务内容、服务质量、目的地和时间等因素的不同，制定差异化的价格策略，以吸引不同需求的客户。

### 3.促销活动

促销活动是吸引客户和增加销售的有效方式。在研学旅行市场中，研学旅行服务供应商可以通过打折、发放优惠券、办理套餐优惠等促销手段来吸引客户。促销活动的设计需要考虑市场需求、客户购买习惯和竞争状况等因素，以提高促销效果；要合理控制促销活动的成本，以确保盈利空间。

### 4.会员制度

会员制度是一种长期维护客户关系和提高客户忠诚度的有效方式。建立会员制度，可以给会员提供专属的优惠和服务，增加客户黏性。在研学旅行市场中，研学旅行服务供应商可以设立会员积分制度、会员折扣制度等，以增加客户忠诚度和复购率；同时，要不断完善会员制度，提高会员服务质量和体验。

### 5.捆绑销售

捆绑销售是一种将多个产品或服务组合在一起销售的策略。在研学旅行市场中，研学旅行服务供应商可以通过捆绑销售，将研学旅行课程与其他相关服务（如交通、住宿等）组合在一起，为客户提供一站式服务。捆绑销售可以增加销售额和提高客户满意度，同时降低客户的选择成本。

### （三）渠道策略

研学旅行市场营销渠道，即研学旅行产品所有权从生产企业向消费者转移过程中经过的一切由组织或个人构成的通道。研学旅行服务供应商应根据研学旅行市场和目标客户的特点选择合适的营销渠道，并运用不同的营销渠道进行推广和销售，从而提高市场影响力和竞争力。

### 1.实施在线旅行社多渠道推广

目前，在线旅行社（Online Travel Agency，OTA）渠道主要有携程旅行网、去哪儿旅行、美团、同程旅行、飞猪旅行、缤客、途牛旅游网、马蜂窝旅游网、驴妈妈旅游网等。因此，研学旅行服务供应商可以通过多样化的在线旅行社渠道进行推广，从而提高产品的知名度、扩大产品的影响力，以吸引更多的消费者。

### 2.加强与中间商的跨界合作

中间商渠道是将研学旅行产品转移给最终消费者的实现途径。未来，研学旅行的需求将越来越大，需要各方共同努力。因此，随着市场规模的扩大，研学旅行服务供应商和旅行社、培训机构、拓展公司、研学旅行基地、教育机构等相关企业可通过跨界合作，提供更优质的服务或更具专业性和权威性的研学旅行产品，满足消费者的差异化需求。

### 3.建立线上平台，实现直营销售

直营渠道主要有微信商城、自建官网、手机软件等。研学旅行服务供应可通过建立线上平台，提供便捷的预订和购买服务。例如，建立官方网站或电商平台，提供在线咨询服务、预订服务、售后服务等，优化消费者的购买体验和便捷性。

### 4.强化新媒体营销方式

选择适合的新媒体平台，是研学旅行市场营销策略中重要的一环。研学旅行服务供应商可以根据目标客户群体的特点和平台特性，选择微信、微博、抖音等社交媒体平台，以及如知乎、果壳网等教育类平台，同时也可利用专业研学旅行平台进行推广；在内容创作方面，要注重打造有用、有趣、有深度的内容，以吸引目标客户的关注。内容形式可以选择图文、视频、直播等，内容主题可涵盖研学旅行的特色线路、参与体验、教育意义等方面；同时，通过故事化的表达方式，将研学旅行的理念和价值传递给目标客户，提高客户对品牌的认知度、增强客户对品牌的信任度。

### 5.构建科学、合理的营销渠道管理体系

研学旅行服务供应商要构建科学、合理的研学旅行市场营销渠道管理体系，需要从确定目标市场、多渠道宣传、合作共赢、渠道优化和客户关系管理等多方面入手进行综合管理，从而提高营销效果、拓展市场份额、增强品牌竞争力。同时，研学旅行服务供应商要不断关注市场变化和客户需求，及时调整渠道策略，以保持营销活动的持续有效性和市场领先地位。此外，研学旅行服务供应商还应对各个渠道进行管理和监控，确保渠道的合法性和规范性。

### （四）促销策略

研学旅行服务供应商制定研学旅行市场营销促销策略，是为了吸引更多的潜在客户，提高产品的知名度和销售量。广告宣传、推广活动、优惠促销、注重客户关系管理等策略的实施，可以有效吸引潜在客户并提高研学旅行产品的市场占有率，从而提升品牌形象、提高品牌的市场影响力。

### 1.广告宣传

研学旅行服务供应商利用各种媒体平台进行广告宣传，如社交媒体、电视、广播、报纸等，可以提高研学旅行的知名度。广告内容应突出研学旅行的教育价值、特色活动，以及给消费者带来的独特体验。

### 2.推广活动

研学旅行服务供应商举办各类推广活动，如开放日、体验活动、讲座等，可以吸引潜在客户了解研学旅行产品。此外，研学旅行服务供应商可以与学校和教育机构合作，

开展校园推广活动，直接面向目标客户进行宣传。

### 3.优惠推销

研学旅行服务供应商可以制定各种优惠促销策略，如折扣、买一送一、早鸟优惠等来吸引客户购买；另外，还可以针对特定群体，如学生、教师等，提供专属的优惠方案。

### 4.公关活动

研学旅行服务供应商可以通过公关活动提升品牌形象，如组织公益活动、赞助活动、与知名人士或专家合作等，这些活动有助于提高研学旅行品牌的社会影响力。

### 5.客户关系管理

研学旅行服务供应商应建立完善的客户关系管理系统，定期与客户沟通，了解客户的需求和反馈；通过提供优质的服务和关怀，提升客户满意度和忠诚度；同时，利用客户推荐、口碑传播等方式扩大市场份额。

# 第三节 研学旅行区域品牌塑造

## 一、研学旅行品牌的概念

品牌是一个组织的名称、标志、理念和价值观的综合体现，用以将其产品、服务或组织与其他竞争者区分开来。研学旅行品牌指的是，在一定区域范围内，通过梳理和挖掘本区域内的特色旅游资源及其教育属性，提炼出能带给消费者独特研学旅行产品和研学旅行价值，最终能够传达该区域研学旅行产品功能性价值和蕴含的情感性价值的相关符号。为了梳理研学旅行品牌的概念，企业应注重产品的核心价值和特点，通过明确的品牌定位、形象、口号和承诺等元素，来建立清晰的产品形象和给予消费者的信任感；同时，可以考虑与相关机构或企业合作，共同推广研学旅行的品牌形象，提高品牌的知名度和影响力。

## （一）品牌价值

研学旅行品牌的核心价值是给消费者提供具有教育意义和教育价值的旅游体验。品牌应该注重产品的教育性和学习性，通过提供多样化的研学课程和实践机会，让学生取得知识和技能的进一步提升，促进他们全面发展。

## （二）品牌定位

研学旅行品牌应定位为给消费者提供教育性旅游体验的专业品牌。品牌应该强调教育的价值和旅行的体验，同时突出产品的特色和竞争优势。此外，研学旅行品牌应该明确目标受众。一般而言，研学旅行品牌的目标受众主要是学生和家长群体，但也可以根据不同的产品特色和市场定位考虑其他人群，如教师、教育机构、学校等。

## （三）品牌形象

研学旅行品牌形象是指品牌在市场中所呈现的形象和特点，包括品牌标识、品牌视觉形象、品牌口碑等。研学旅行品牌的标志应该简洁、易记，具有辨识度和独特性，能够吸引目标受众的关注和认可。研学旅行品牌应该注重视觉形象的设计和管理，通过统一的视觉识别系统，提高品牌的辨识度和形象认知度。研学旅行品牌应该注重品牌口碑的管理，通过提供高品质服务、关注客户需求等方式，提高客户的满意度和忠诚度。

## （四）品牌口号

研学旅行品牌口号应该简洁明了、有吸引力，能够准确传达品牌的核心理念和特点。同时，品牌口号也应该根据不同的品牌定位和目标受众进行定制化设计，以提高品牌的辨识度和市场竞争力。如"学在旅途，乐在其中"这个口号，强调了研学旅行的学习性和乐趣，让目标受众感受到在旅途中学习和成长的快乐。

## （五）品牌承诺

研学旅行品牌承诺是品牌形象和品牌信誉的重要组成部分，是品牌对目标受众的承诺和保证。研学旅行品牌承诺应该清晰明确、真诚可信，这样才能赢得目标受众的信任和认可。同时，品牌承诺也应该与品牌形象和品牌口号相一致，通过不断履行承诺来提高品牌的信誉和竞争力。

## 二、区域塑造研学旅行品牌的意义

### （一）形成差异化发展

研学旅行品牌的建设，切实地在区域所在地的资源文化底蕴、城市精神内涵和消费者情感之间形成了联结。以研学旅行作为文旅融合发展的示范亮点，以品牌化运作方式打造区域产品形象，有利于加快与其他区域形成差异化发展。

### （二）实现目标化推进

在品牌精神和品牌战略目标的引领下，相关部门阶段化、项目化、清单化地逐步推进和深入落实研学旅行发展的各项工作，有利于促进区域内研学旅行产业链上下游团结一心，树立区域内研学旅行发展一盘棋的大局观念和全局意识，在以擦亮本区域研学旅行品牌为共同发展目标的基础上百花齐放。

### （三）促进文旅融合发展和旅游高质量发展

研学旅行能有效地将区域内的文化资源、旅游资源甚至城市资源进行跨界整合。通过对资源的教育属性进行挖掘，转化为可游览、可体验、可感知、可收获的深度旅游产品，不仅可以提升本区域旅游资源的文化内涵，也能开拓更多的研学旅游体验空间，成为文旅融合发展的新引擎。而品牌化的运作则更能从整体性的角度，高度提炼和精准传达区域内的研学旅行精神内核，多方联动和跨界整合区域内的城市资源，实现从"基地研学"到"景区研学"再到"城市研学"，是助力区域旅游高质量发展的有效途径。

## 三、区域研学旅行品牌策划

### （一）区域政策的研究——研学旅行品牌的支撑

区域研学旅行的品牌定位、核心精神、价值内涵，在本区域旅游产业规划等上位规划文件的指导和要求下进行策划，有效实现了以研学旅行为切口，促进区域全域旅游的切实发展，同时将上位规划的政策进行充分的衔接和利用，确保了研学旅行的发展目标有支撑、可落地。

### （二）在地资源的挖掘——研学旅行品牌的基础

研学旅行资源是研学旅行的核心要素，也是研学旅行品牌要传达的关键信息。相关部门或机构应通过系统盘点和梳理区域内的文化资源、旅游资源，挖掘最能代表本区域在地化的独特研学旅行资源，提炼研学旅行资源背后的核心价值内涵。

### （三）客群主体的需求——研学旅行品牌的核心

研学旅行品牌是在研学旅行产品与目标客群之间架起的一座桥梁，品牌的传播往往先于产品的体验。因此，研学旅行品牌所传递的价值观需要充分结合目标客群的心理诉求。在产品体验之前，研学旅行服务供应商就要先打动和占领目标客群的内心，抓住其痛点，从而建立起区域研学旅行产品和目标客群的深度联结。

### （四）市场竞合的分析——研学旅行品牌的目标

研学旅行品牌的策划还要充分结合研学旅行市场的运行现状、发展态势、竞争格局，借鉴其他优秀研学旅行品牌的成功经验，与同资源类型区域的研学旅行品牌相区别，与资源互补型区域的研学旅行品牌相互联动，契合研学旅行市场未来的发展趋势，使研学旅行品牌的目标定位和精神内核具有长久的活力和长远的前瞻性。

### （五）品牌要素的设计——研学旅行品牌的构成

研学旅行品牌的要素主要包含了品牌名称、品牌标识、品牌口号等标识系统的策划和设计。研学旅行服务供应商需结合以上四个维度的分析，同时还要遵循传播标准、语言标准及法律标准，做到品牌名称清晰、有力、简单，品牌标识具有辨识度且能形象地呼应品牌名称，品牌口号能进一步阐述品牌名称的核心价值理念。

## 四、区域研学旅行品牌运营

### （一）品牌战略的制定

在研学旅行品牌创建初期，品牌的认知度低、市场竞争能力弱，研学旅行服务供应商要紧紧围绕品牌的目标定位和核心价值理念进行产品的打造，包含研学基（营）地的建设、课程的研发、人才的培育等。研学旅行品牌步入成长期后，品牌积累了一定的知名度，研学旅行服务供应商应进一步强化目标客群对品牌核心价值和品牌个性的理解，着重品牌的宣传推广和营销造势，以达到市场提高对品牌的认知度的目的；研学旅行品牌进入成熟期后，要重点培养目标客群的品牌忠诚度，对品牌产品形成复购和口碑传播，这将成为品牌最大的竞争优势，形成品牌的无形资产。

### （二）品牌体系的构建

在研学旅行品牌的统领下，研学旅行服务供应商应构建品牌的产品体系，研发产品矩阵。产品是品牌的重要组成部分，是面向目标客群的触点，是品牌核心价值的呈现载体。因此，产品的体系构建和产品研发需要多层级、多角度、立体地呈现研学旅行品牌的精神内涵，让目标客群通过体验研学旅行产品来加深对品牌的认知，从而确保品牌忠诚度；同时，还需构建品牌的标准体系，针对区域内的研学基（营）地、研学机构、研学旅行产品、研学旅行人才制定标准和规范，使区域内的研学旅行产业各要素按照品牌标准规范化地建设、服务和培育，使研学旅行服务和体验的质量有要求、有监督、有保障，这是品牌管理的有效形式。

### （三）营销推广的策划

研学旅行服务供应商应按照全年的运营周期，围绕品牌形象和产品矩阵，进行全年活动策划和宣传排期。其中，活动类型包含城市品牌推介活动、年度研学旅行品牌活动、多个节气主题活动等；同时，搭建品牌宣传的媒体矩阵，包含品牌官方自媒体平台、区域政府媒体平台、行业垂直媒体平台等，全方位、立体式地宣传、发声。

综上所述，市场分析是研学旅行市场营销的重要前提。市场分析有利于研学旅行服务供应商更好地了解市场需求和竞争状况，从而制定更精准的市场营销策略。品牌策划是研学旅行市场营销的核心，研学旅行服务供应商需要根据品牌定位和目标受众，制定相应的品牌传播策略和口号，以及符合品牌形象和口号的形象设计和形象宣传；同时，还需要制定相应的品牌承诺和客户服务标准，以提升品牌的信誉度和竞争力。

# 第六章 研学旅行安全管理

## 第一节 研学旅行安全管理概述

研学旅行不同于传统的课堂，具有环境新、集体性、独立性、实践性、动态化等特点。研学旅行开展的基本原则是"教育为本，安全第一"。因此，安全管理工作是研学旅行活动开展的重中之重。

## 一、研学旅行安全问题成因分析

### （一）个人因素产生的安全问题

研学旅行的人员主体可归为两大类：一是中小学生，二是对接研学旅行活动的各方服务人员。

#### 1.学生自身因素

学生自身安全知识的欠缺、安全意识的薄弱和较低的风险规避能力，是引发研学旅行安全问题的重要因素。尽管学生在平时会相应地接受一些安全知识教育，但从整体上看，部分学生，尤其是小学、初中学生缺乏一定的安全防范意识。例如，在饮食方面，部分中小学生难以判别风险性食物，从而造成误食中毒的后果。另外，研学旅行是一种户外活动，学生个体极易受好奇心的驱使，其行为具有随意性，这更是增加了发生安全事故的潜在风险。

#### 2.服务人员因素

参与研学旅行工作的各方人员配备不足、经验欠缺，是诱发研学安全事故的重要原因。按照《研学旅行服务规范》（LB/T054—2016）的要求，作为主办方的学校应该要求在研学旅行团队中，每 20 位学生配置 1 名带队老师；承办方或直接供应方应为研学旅行活动配置项目组长、研学旅行指导师、安全员、导游等安全管理责任人。但在实际研学旅行过程中，随行老师的配备数量难以保证，旅行社中的服务人员除 1 名项目组长外，安全员、研学旅行指导师、导游则常由一人兼任，因此这也使研学旅行全程的教育、指导和安全管理难以同时兼顾。另外，各方派出的人员安全意识淡薄，也是发生安全事故的重要诱因。

## （二）管理因素产生的安全问题

目前，我国研学旅行的实践模式并未真正成熟，管理水平有待进一步提升。

从学校来看，研学旅行活动虽有研学旅行活动方案和应急预案，但较多流于形式；同时，少有学校会对旅行社签约的供应商的设施、服务、管理水平进行实地考察，因此存在学校对信息掌握不全的现象；再者，学校虽有行前安全教育，但对安全防护技能的整体培训还比较欠缺。

从作为承办方的旅行社来看，旅行社作为营利性企业，为追逐纯粹的商业利益或获取研学旅行市场份额，往往会采取低价竞争策略，导致在选择供应方时只能降低标准。因此，难以保证供应方的质量和水平，这也成为安全事故发生的重要诱因。此外，部分旅行社在转型开展研学旅行业务活动过程中，由于研学旅行课程实施经验及能力明显不足，致使研学旅行变成"只游不学"的户外活动，在一定程度上增加了研学旅行的风险。

从供应方来看，我国研学旅行基（营）地鲜能达到完备的研学旅行开展条件。部分景区向研学旅行转型，却难以提供餐饮、住宿、研学场所"一条龙"的研学旅行服务，因此只能分别向各类企业采购食宿服务。因此，食宿监控的不到位也易造成一定的安全问题。同时，从操作的流程来看，研学旅行基（营）地或研学型景区基本还是采用传统的方式，即"讲解—问答—自由活动"等，对整个研学旅行活动缺乏有效的管理，容易出现服务不好和管理疏忽的问题，存在安全隐患。

## （三）环境因素引发的安全问题

环境因素主要包括自然环境和人文环境。

自然环境方面的风险因素主要包括地质风险、天气风险、动植物风险、流行性疾病突发风险等。这类自然环境风险因素往往是突发的状况，具有不可抗性。

人文环境方面的风险因素主要包括治安和文化冲突等因素。治安因素引起的安全问题主要是由研学旅行目的地治安不好造成；文化冲突因素导致的安全问题则可能是地方风俗习惯、宗教信仰、语言交流障碍等引起的。

# 二、研学旅行安全管理责任主体

为确保研学旅行安全，需要明晰各责任主体并确定职责分工，建立一套行之有效的安全保障机制，并实施安全报批分级管理制度，做到层层落实、责任到人。结合《研学旅行服务规范》（LB/T054—2016），研学旅行责任主体包括学校、承办方、供应方和政府部门等。

## （一）学校

学校作为研学旅行活动的主要实施主体，是研学旅行的第一安全责任主体，在研学旅行执行过程中必须守住合作底线，掌握实施主导权。

### 1.发挥课程设计主导作用

学校在研学旅行开展过程中，应充分发挥其教育资源优势，不能过于依赖旅行社提供的研学课程方案。在制定研学旅行课程方案时，应坚持课程教育取向，并根据学生实际情况和教育要求，杜绝"只旅不学"现象，在一定程度上降低安全风险。

### 2.严格选择供应方和承办方

在研学旅行活动开展之前，学校应该从资质、经验、人力、安全计划等方面对供应方和承办方加以综合评估，特别是对于供应方选择的住宿、交通、研究场所，学校应提前踩线、深入调查安全隐患、慎重选择。

### 3.强化安全教育内容和理念

学校应强化师生安全教育理念并丰富安全教育内容。除了在研学旅行活动前开展常规性的安全教育之外，学校还应结合研学旅行活动的路线、项目、旅行点等开展有针对性的安全教育；同时，还可邀请旅行社或户外安全专家对师生进行安全教育和应急演练，提高师生的安全意识和应急能力。此外，在研学旅行过程中，带队教师在做好学生管理工作的同时，还要加强对承办方和服务方的监督和管理，切实督促其履行服务职责。

## （二）承办方

旅行社作为研学旅行活动的主要承办方和服务主体，在执行合同的过程中应该履行服务职责，做好安全保障工作。

### 1.进行实地考察，排查安全隐患

旅行社应深入考察住宿、交通、研学旅行基（营）地的资质和安全条件，从源头上降低研学旅行的安全风险。在制订计划时，如果研学旅行路线涉及水、电等危害，旅行社则应尽可能调整路线或制订专项计划。

### 2.强化人员素质及责任机制

研学旅行承办方要按照《研学旅行服务规范》（LB/T054—2016），根据相关要求配备好相应的研学旅行管理队伍，如随行项目组长、安全员、研学旅行指导师、导游等；同时，还应加强对相关人员的日常安全培训，可通过专题讲座、实地演练等多种方式提升服务人员的安全管理能力；此外，应提前明确各自责任，并充分考虑可能发生的各种情况，做好应急预案，并将每项工作责任落实到个人。

## （三）供应方

研学旅行基（营）地及相关服务供应企业作为研学旅行活动的主要接待方，是研学旅行安全服务最基本的保障主体。因此，在研学旅行活动过程中，供应方应严格履行合同，提升活动安全等级。

### 1.制订完善的接待计划，落实安全责任

与一般的旅游团队不同，研学旅行团队中大部分学生都是未成年人，学生外出的新奇感、环境的复杂性及项目的专业性等，增加了管理的难度。因此，各供应商应提前做好接待计划及各种应急预案，将安全管理责任落实到个人。

### 2.确保活动设施设备安全，排除安全隐患

相关供应方应定期对车辆、住宿环境及景区基础设备、专项设备进行维护和更新，定期检查餐饮原材料的卫生问题，排除安全隐患。在每次的研学旅行中，交通供应方都应该向当地交通管理部门备案，并为学生及相关工作人员购买乘车保险；餐饮供应方应确保门店干净整洁、食物健康卫生；住宿供应方应检查房间内外设施和环境，确保师生的人身安全及财产安全；研学旅行基（营）地等企业应该为其重点区域（如水域等）设置专人管理，排除安全风险。

（四）政府部门

与研学旅行相关的职能部门同样也肩负与自身职责密切相关的责任。因此，在研学旅行开展过程中，各职能部门要加强监督管理，保障活动安全开展。根据《关于推进中小学生研学旅行的意见》的要求，教育行政主管部门要负责督促学校落实安全责任，审核学校报送的研学旅行活动方案和安全事故应急预案，同时还要审查研学旅行活动承办方所提供的研学旅行产品是否符合国家和地方相关规范。文化和旅游行政主管部门要对承接研学旅行活动的企业或机构的准入条件进行严格审核，并对相关业务根据服务标准进行监管。公安、市场监管等部门应加强对研学旅行涉及的住宿、餐饮等公共经营场所的安全监督、食品质量监督。交通主管部门负责督促有关运输企业，检查学生出行的车、船等交通工具，并依法查处运送学生车辆的交通违法行为。保险监管机构则应指导保险行业提供有利于学校和旅行责任险的相关产品。此外，各行政主管部门还应多方联动、共同配合，建立严格的研学旅行安全责任机制，并依法依规执法，保障研学旅行活动的安全、有效开展，维护研学旅行的安全与秩序。

# 第二节 研学旅行安全管理对策

## 一、研学旅行安全管理的定义

研学旅行安全管理是指通过一系列措施，确保学生在研学旅行过程中的安全，即学校、旅行社、研学旅行基（营）地、政府部门及其他相关机构通过提供综合性的安全措施来保障学生在研学旅行活动过程中的安全。

## 二、研学旅行安全保障措施

研学旅行是现代教育的一种重要形式，这种教育方法伴随着相应的风险和安全隐患。研学旅行应将安全放在第一位。为保障师生人身、财产安全，及时应对突发事件，迅速、合理地处置各种安全事件，确保研学旅行活动安全、有序开展，需要相关部门从多个方面进行综合考虑。

### （一）成立安全保障工作小组

在开展研学旅行活动前，学校应成立安全保障工作小组，详细编制周密的计划和实施方案，充分考虑活动路途及目的地的安全因素，做好突发事件应对准备。对于研学旅行中发生的突发事件，安全保障工作小组要在最短的时间内做出决策，采取相应的措施，及时向上级部门汇报并做好各项善后工作。

一般来讲，安全保障工作小组应包括活动负责人、安全员、医疗员、监督员等，可以由学校、旅行社、活动开展地的联络员组成，并提前公布应急联络电话号码。

在研学旅行活动过程中，学校还要配备足够数量的监督人员，确保学生的安全。在活动中，这些监督人员应熟悉活动内容，具备紧急救助的能力；要引导学生遵守活动纪律、文明出行等；要与活动各方保持密切的联系，确保学生得到及时的照顾和保护。

### （二）进行安全考察

在研学旅行活动开始之前，安全保障工作小组人员要提前对活动涉及的路线、场地、宾馆、餐馆等进行实地安全考察，如发现安全隐患，要拍照记录，并编制预防措施、撰写考察汇报；待研学地点、课程环节、安全措施等全部确定、完善之后，学校再开展研学旅行活动。例如，检查活动场地的消防设备是否完好、紧急出口是否明显等，确保活动场所符合安全要求。

### （三）对学生进行安全教育

学校开展研学旅行活动，要确保学生身体健康，对学生进行体检，了解学生的身体状况和过敏史，以便在事故发生时及时采取相应的措施。同时，学生和家长需要签署相关的责任书，并确保学生了解研学旅行的目的和规则。此外，学校还可以组织一些安全意识教育活动，让学生了解研学旅行中的安全常识和应急处理方法。

### （四）做好交通安全保障工作

在研学旅行活动中，交通安全保障是最重要的一项工作。学校应选择可靠的交通工具和合格的司机，并要求司机具备相关证件和丰富的驾驶经验。同时，学校和旅行社可提前与交通部门沟通，了解道路状况和交通限制信息，以便及时调整行程，确保学生的交通安全。另外，为了防止交通事故的发生，学校可以安排专门的交通安全讲座，向学生普及交通规则，指导他们如何正确地使用交通工具。

### （五）普及住宿安全知识

学生在参加研学旅行活动时往往需要在外住宿，因此，住宿安全是必须考虑的因素。学校应挑选安全、可靠的住宿场所，并与住宿方进行充分的沟通，确保住宿条件良好。同时，学校应指导学生掌握一些安全常识，如将房间门锁好、不随意向陌生人透露个人信息等；还可以安排住宿场所的相关人员对学生进行防火和急救教育，提高学生的自救能力。

### （六）确保饮食安全

在研学旅行活动中，饮食安全是非常重要的一环。学校和旅行社应协商选择合格的餐饮场所，并了解餐饮场所的食品卫生状况。此外，学校还可以组织一些饮食安全教育活动，向学生普及食品卫生知识，引导他们正确选择食物，预防食物中毒等问题。

### （七）紧急救援措施

无论制定了多么周密的安全保障方案，学校都不能忽视意外事故的发生。因此，在研学旅行活动中，学校要明确紧急救援措施，以应对各种突发情况。学校可以与旅行社合作，在行程中配备专业的急救人员，随身携带急救药品和医疗设备，以便在紧急情况下进行救治。此外，学校和旅行社还可以与当地救援机构建立联系，了解当地的救援资源和应急处理方法，并在需要时及时求助。在活动中，学校应避免学生在中午前后高温闷热时活动，如果发现学生身体不适，应立即采取措施。

总而言之，学校通过上述措施，可以有效地保障学生在研学旅行活动中的安全，确保研学旅行活动顺利进行。

## 第三节 研学旅行突发事件处理

### 一、研学旅行安全事故分类

中小学生的安全问题，不仅仅是学生个人的问题，更是家庭和社会重点关注的问题。在研学旅行中，因突发事件带来的安全问题，总量虽小，但随着研学旅行规模的不断扩大，潜在的安全风险势必升高。对于研学旅行中突发事件造成的安全事故，可根据不同分类标准进行分类。

根据突发事件造成安全事故的原因，研学旅行安全事故可分为食宿安全事故、交通安全事故、体验安全事故等。食宿安全事故，即食品安全事故和住宿安全事故，其中食品安全事故是指食源性疾病、食品污染等源于食品且对人体健康有危害或者可能有危害的事故；住宿安全事故是指，参加研学旅行活动的学生在目的地或营地住宿期间，因住宿设施、环境等问题引起的学生意外事故。交通安全事故是指，载有参加研学旅行活动的师生及相关人员的车辆，在道路上因过错或事故，造成人身伤害或财产损失的事件。研学旅行体验安全事故是指，学生在研学旅行目的地、研学旅行营地、景区等场所进行体验性学习时发生的意外伤害事故。

根据危害程度及造成或可能造成的影响，研学旅行突发事件可分为一般突发安全事件、较大突发安全事件、重大突发安全事件、特别重大突发安全事件四个等级（见表 6-1）。

表 6-1 中小学生研学旅行突发安全事件的分级标准

| 序号 | 类别 | 分级标准 |
|---|---|---|
| 1 | 一般突发安全事件 | 造成或可能造成人员死亡（含失踪、中毒）3人以下或者重伤10人以下；50人以下滞留超过24小时，并对当地生产、生活秩序造成一定影响；以及产生一定影响，并对研学旅行活动成员人身、财产安全造成一定威胁的其他情况 |
| 2 | 较大突发安全事件 | 造成或者可能造成人员死亡（含失踪、中毒）3人以上、10人以下或者重伤10人以上、50人以下；50人以上、200人以下滞留超过24小时，并对当地生产、生活秩序造成较大影响；以及产生较大影响，并对研学旅行活动成员人身、财产安全造成较大威胁的其他情况 |
| 3 | 重大突发安全事件 | 造成或者可能造成人员死亡（含失踪、中毒）10人以上、30人以下或者重伤50人以上、100人以下；200人以上、500人以下滞留超过24小时，并对当地生产、生活秩序造成较严重影响；以及产生重大影响，并对研学旅行活动成员人身、财产安全造成重大威胁的其他情况 |
| 4 | 特别重大突发安全事件 | 造成或者可能造成人员死亡（含失踪、中毒）30人以上或者重伤100人以上；500人以上滞留超过24小时，并对当地生产、生活秩序造成严重影响；以及产生特别重大影响，并对研学旅行活动成员人身、财产安全造成特别重大威胁的其他情况 |

## 二、研学旅行突发事件的处理原则

### （一）及时处理原则

鉴于研学旅行过程中的突发事件具有不确定性、危害性、紧迫性等特点，及时处理极为关键。研学旅行突发事件的及时处理原则是指在发生突发事件时，相关责任部门应当迅速响应，及时采取措施，防止事件扩大和损失加重。在发生安全事故时，相关责任部门应当迅速响应，第一时间采取措施，如报警、救治伤员、保护现场等。在采取措施后，相关责任部门应当及时处理事故，包括调查、治疗、善后等，以防止事态恶化和损失加重。在处理事故过程中现场应急负责人应当及时向上级领导或相关部门报告，以获得更多的帮助和支持。在事故处理结束后，相关责任部门应当及时总结和评估整个处理过程，查找不足和问题，为今后的研学旅行活动提供经验和教训。

### （二）高效协作原则

高效处理问题是研学旅行突发事件处理的宗旨。研学旅行突发事件高效协同性原则是指在应急处置中，应当以最快的速度、最高的效率以及通过协同运用的方式来处理事故，以最大限度地减少损失和伤害。在事故发生后，相关责任部门应当快速做出决策，采取有效的措施来处理事故，避免延误和错误决策。在应急处置中，各部门之间应当高效协作、相互配合，确保应急工作的顺利进行；应当及时沟通、共享信息，避免误解和重复工作。在确定应该采取的措施后，现场应急负责人应当高效执行、全力以赴，尽快解决事故，减少损失和伤害。相关责任部门应对研学旅行突发事件时，应该集中各方力量，形成统一领导，最大限度地发挥各个部门的能力，全力处理问题。

### （三）安全第一原则

在处理研学旅行突发事件的过程中，抢救生命与保障人们的基本生存条件是首要任务。因此，处理研学旅行突发事件必须以确保受害者和受灾人员的安全为基本前提；同时，还应该最大限度地保护参与处理突发事件的应急人员的生命安全。

### （四）合理合法原则

研学旅行突发事件处理的合法性原则是指在应急处置中，应当遵守相关的法律法规和规章制度，依法依规进行处理。在应急处置中，现场应急负责人应当遵守相关的法律法规和规章制度，如《中华人民共和国道路交通安全法》《中华人民共和国突发事件应对法》等；同时应当依据相关法律法规和规章制度，编制合适的应对措施，依法依规进行处理；此外，还应当尊重他人权利，如学生、家长的权利，并对事故责任人依法追责。

### （五）科学性原则

研学旅行突发事件处理的科学性原则是指在应急处置中，应当遵循科学原则，采用科学方法和手段处理突发事件。首先，相关责任部门应当进行科学评估，如对事故原因、影响、风险等进行评估；其次，要进行科学决策，如编制合适的应对措施、确定救援方案等；最后，还应当进行科学协调，如各部门之间、应急资源之间的协调等。

## 三、研学旅行突发事件的处理程序

处理研学旅行突发事件应以保障生命安全为第一原则，实行及时上报、保留现场、应急处置的程序（如图 6-1 所示）。

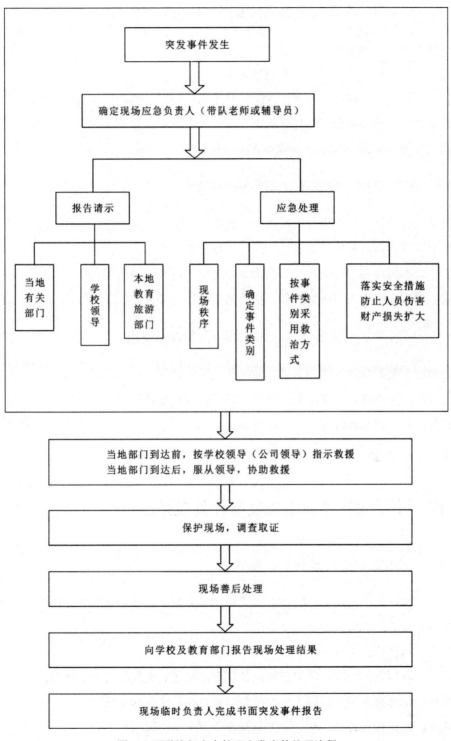

图 6-1 研学旅行安全管理突发事件处理流程

（一）研学旅行开展前建立突发事件应急领导小组

在研学旅行开展前应建立突发事件应急领导小组，小组成员包括组长、副组长、现场负责人、队医负责人等，其主要程序如下：

其一，组建研学旅行突发事件应急领导小组，明确各部门、成员的权利与责任。

其二，学习相关突发事件处置原则、方法及具体实施步骤。

其三，组织见习、演练及具体实战。

（二）研学旅行突发事件发生后的措施

研学旅行突发事件发生后，首要任务是能够迅速、果断地进行处理，最大限度地减少研学旅行范围内的损伤，防止事态恶化以及次生、衍生事件发生。

其一，指挥有关工作人员立即到达规定岗位，进行现场研判。

其二，安排工作人员开展具体、相关的突发事件处置工作。

（三）研学旅行突发事件处理后进行总结和反思

研学旅行突发事件处理完毕后，应进行突发事件的总结及反思。

其一，突发事件处理完成后，进行突发事件登记及建档。

其二，对突发事件进行总结、反思。

其三，安排相关人员进行后期回访。

## 四、研学旅行中典型突发事件处置措施

（一）突发食物中毒事件处置措施

其一，发现人员有疑似食物中毒症状后，随团医生应立即进行简要处置，现场人员迅速报告安全工作小组。

其二，迅速拨打 120 急救电话。

其三，根据具体情况，紧急启用自备车辆，护送病人到就近医院抢救治疗。

其四，迅速报告安全领导小组，必要时通知相关学生的家长。

其五，封存相关食物，配合卫生监督部门查明事件原因。

其六，积极做好师生和家长的稳定工作，控制事态扩大，积极做好善后工作。

### （二）突发意外伤害事件处置措施

其一，发现人员在活动中发生跌伤、晕厥、落水、被动物咬伤、突然生病等意外事件，随团医生或当地社区医生要立即进行简要处理。

其二，根据具体情况，紧急启用自备车辆，安排随团医生或当地社区医生护送病人到就近医院抢救治疗，防止二次伤害。

其三，紧急情况下，立即拨打 120 急救电话。

其四，迅速报告安全领导小组，必要时通知相关学生家长。

### （三）突发学生打架斗殴事件处置措施

其一，发生学生打架斗殴事件，立即向随团教师及安全领导小组报告。

其二，随团教师与辅导员共同解决打架斗殴事件，出现学生受伤情况，立即按照"突发意外伤害事件处置措施"进行处置。

其三，采取必要措施，预防打架斗殴后续事件发生。

其四，迅速报告安全领导小组。

其五，做好善后调解处理工作。

### （四）突发学生走失事件处置措施

其一，发现人员走失，立即向带队领导和安全领导小组汇报。

其二，随团教师协同辅导员及相关领导、老师组织搜救，并由其他辅导员和跟团老师组织其他学生正常、有序活动。

其三，学生走失时间超过两个小时，立即报警备案。

其四，报告安全领导小组，积极做好师生和家长的稳定工作，防止事态恶化。

### （五）突发交通安全事件处置措施

其一，学校和旅行社必须第一时间抢救伤员并拨打急救电话 120；立即拨打 110 向交警部门报案；立即向中心安全领导小组报告；保护好现场，通知受伤学生的家长。

其二，要做好其他师生的稳定工作，随团领导、教师及辅导员管理好学生，以免出现混乱局面。

其三，安全领导小组成员在最短时间内赶到现场，指导、协调处置事件及善后问题。

## （六）突发火灾处置措施

其一，学生驻地或活动地点发生火灾时，现场辅导员、安全员等负责迅速组织疏散学生。工作人员尽量用手势指挥学生俯身快步通过安全出口进行疏散。

其二，根据火势，立即报警。拨打消防中心火警电话，报告内容为"××××地方发生火灾，请迅速前来扑救，地址是××××"。待对方放下电话后再挂机，同时迅速报告安全领导小组，组织有关人员携带消防器具赶赴现场进行扑救；严禁组织师生进行扑救。

其三，迅速组织人员逃生，原则是"先救人，后救物"。

其四，派出人员到主要路口等待、引导消防车辆。消防车辆到来之后，要配合消防专业人员进行扑救或做好辅助工作。无关人员要撤离至远离火灾地的道路，方便消防车辆驶入。

需要特别注意的是，处置火灾事故首要的任务是保护师生的人身安全，扑救要在确保人员不受伤害的前提下进行；火灾第一发现人应查明原因，如是电源引起，应立即切断电源；火灾发生后应掌握的原则是边救火，边报警；火灾发生后禁止组织师生扑救。

## （七）突发外来侵害导致的恶性伤亡事故处置措施

其一，加强安全工作，阻止外来不明人员进入活动场所。

其二，发生爆炸等恶性事故，应及时报警，现场工作人员应尽快疏散营员，对伤员进行救治。

其三，发生绑架等突发事件，应及时报警，并配合公安部门提供相关破案线索。

其四，发生打架斗殴致人伤残等突发事件，应及时报警，及时送伤者就医，保护现场，调查原因。

其五，当活动期间发生师生伤亡的恶性事故时，现场工作人员应立即保护现场，及时报警，并报告安全领导小组。

其六，对受伤的师生，应紧急联系队医进行现场急救，无能力救治或者无法判断伤亡情况时，应及时向相关部门（公安部门、医疗救治中心等）拨打求救电话。

## （八）突发地震、洪灾、暴雨等自然灾害处置措施

其一，安全人员应及时关注自然灾害及异常情况，随时保持联系和接收通知。

其二，发生自然灾害时，以生命安全第一的原则安排活动，必要时撤销行程。

其三，对可预见性的自然灾害，应在未发生前做出安全部署；对不可预见的自然灾害，如地震、龙卷风等，应尽力采取自我保护和自救措施，事后应及时向他人施救。

其四，发生自然灾害时，安全人员和教师要与学生在一起，全力保障师生人身安全；灾害过后，安全人员要第一时间查看师生是否到齐、是否受伤，并保持镇定，安抚师生情绪。

综上所述，本节通过对研学旅行安全管理问题进行分类与介绍，讲解了研学旅行安全管理的内涵，梳理了研学旅行安全管理的组织保障、防范措施、管理机制、责任体系等要点，详细论述了研学旅行突发事件的处理原则和程序，使师生对研学旅行安全管理的认识和理解更加正确和全面。

# 第七章 研学旅行基（营）地服务与评价

## 第一节 研学旅行基（营）地概述

### 一、研学旅行基（营）地的概念

#### （一）研学旅行基（营）地称谓的界定

关于研学旅行基地或营地，目前我国在不同的文件里有不同的称谓，暂未形成统一的界定方式。2014 年，在国务院发布的《关于促进旅游业改革发展的若干意见（国发〔2014〕31 号）》中，"研学旅行基地"这一称谓被首次提及；2016 年，中华人民共和国文化和旅游部（原国家旅游局）颁发《研学旅行服务规范》（LB/T054—2016），将其称为"研学营地"；2018 年，中国质量认证中心颁布的《中小学生研学实践教育基地、营地建设与管理规范》则将其称为"研学实践教育基地""研学实践教育营地"等。

从研学旅行在全国范围内推行的意义看，"研学旅行基地""研学旅行营地"的称谓更符合国家力图通过研学旅行全面提升中小学生综合素质的初衷及研学旅行的内涵。其中，"研学"是目的，"旅行"是方式，"基（营）地"是场所保障。这也充分体现了研学旅行基（营）地的本质属性，故本书采用研学旅行基（营）地作为二者的统称。

#### （二）研学旅行基（营）地的定义

##### 1.国外营地教育的定义

国际营地协会（International Camping Fellowship，ICF）将营地教育定义为，一种青

少年以自然为师、以营地为伴，走出校门，进行旅行体验，在探险中提升领导能力，同时在旅行中学会与他人一起生活，了解自身文化，理解他人，发掘自身潜能，从而获得自我发展和成长的教育活动。该协会的理念是：营地连接孩子们，让他们知道自己是谁；营地连接孩子们，让他们知道自己能成为什么人；营地连接社会，营地连接自然，营地连接世界。

**2.国内研学旅行基（营）地的定义**

从 2016 年开始，我国研学旅行进入快速发展时期。为了推动研学旅行的发展，中华人民共和国文化和旅游部（原国家旅游局）于 2016 年 12 月发布了《研学旅行服务规范》（LB/T054—2016），其中提及了"研学营地"一词，并将其定义为"研学旅行过程中学生学习与生活的场所"。

2018 年 6 月，教育部在其发布的《关于开展"全国中小学生研学实践教育基（营）地"推荐工作的通知》中提及"全国中小学生实践教育基地"（简称"基地"）和"全国中小学生实践教育营地"（简称"营地"），并分别对基地和营地做出了区别界定。其中，基地主要是指各地各行业现有的，适合开展研学旅行活动的优质资源单位，并能提供适应不同年龄阶段学生且与学校教育内容有效衔接的研学实践课程。而从行政属性上看，营地主要归属于教育部门，除应有的充分体现中小学研学实践活动的育人目标，且与学校教育内容衔接的研学实践课程和线路外，还应具有承担不少于 1000 名中小学生研学实践教育活动的集中接待、协调服务等功能。

结合国外营地教育的定义和国内现有关于研学旅行基（营）地的概念，本研究认为，研学旅行基（营）地作为学校教育的有机延伸，是一种满足团队生活或学习，并富有探究性、创造性、体验性、娱乐性等特质的户外教育活动空间。研学旅行基（营）地作为开展研学旅行活动的重要空间载体，在促进中小学生德智体美劳全面发展等方面发挥了重要作用。

## （三）研学旅行基地与营地的区别与联系

**1.营地与基地的区别**

（1）隶属部门不同

营地隶属于教育行政部门，主管部门唯一；而基地则可能隶属于各行各业的管理部门，主管部门包括自然资源部、生态环境部、交通运输部、水利部、农业农村部、文化和旅游部等行政部门。

（2）区位要求不同

相对于基地而言，营地更关注周边是否有丰富的研学资源和保障资源，区位优势体现在周边有车站、机场、码头、医院、公安、消防、各研学资源单位等，交通便利，能够短时、方便、快捷地到达。

（3）师资队伍要求不同

相对于基地而言，营地对师资队伍及业务管理能力的要求更高。营地需要具备从事研学旅行实践教育工作的专职队伍，其中包括项目管理人员、研学旅行指导师、安全管理员等；而基地则主要配备能负责研学课程开发的专业讲解人员等。

（4）线路与课程开发的重点不同

营地更注重区域内研学旅行线路和课程的统筹开发，有效地避免了课程的同质化、单一化；基地更注重立足自身资源的特色研学旅行课程开发，相对于营地而言，缺乏课程的宏观统筹。

（5）后勤保障与承载要求不同

在硬件基础设施方面，营地比基地的要求更高，标准也更为详细，重点体现在营地必须具备同时接待1000人以上食宿的条件，并且内部具备基本的医疗保障条件（医务室）以及完善的安全保障硬件条件；营地需具有一所标准化寄宿制学校的后勤保障配置。

**2.营地与基地的联系**

（1）育人目标相同

营地与基地的目标都是围绕立德树人根本任务，以学生发展为本；围绕培养学生创新及实践能力的核心理念，全面提升学生综合素质，推动学生培育并践行社会主义核心价值观，使其成为新时代中国特色社会主义的建设者和接班人。

（2）辐射与带动的关系

营地作为核心，辐射区域内的基地，并串点成线、连线成网，逐步形成从国家级到镇级的五级研学旅行空间体系，构建研学实践教育网格化平台。

（3）桥梁与纽带的关系

营地隶属教育行政部门，基地隶属各行各业，因此基地可集中发挥各行各业优势，架起教育与各行各业之间的桥梁，构建政府主导、行政推动、社会参与、课程引领、机制健全的研学实践教育工作组织保障体系。

## 二、研学旅行基（营）地的功能与特征

（一）研学旅行基（营）地的功能

研学旅行基（营）地是为了方便学生接受实践性教育和进行探究性学习而设置的场所，是学校课堂的延伸，旨在促进学生德智体美劳的全面发展，因此应具备教育与游览、校园与景区的多重功能，并能提供吃、住、行、游、学等基本服务要素，从而满足学生教育、体验、审美等多重需求。

**1.知识教育功能**

知识教育是研学旅行基（营）地最为基本的功能。丰富多彩的科普展览和互动体验活动以及美术馆、音乐厅、环境监测站等场所，可以让学生们更好地了解自然科学、社会科学、文化艺术、环境保护等领域的知识，并通过设置各类研学旅行实践活动培养他们对知识的探索精神。

**2.审美体验功能**

审美体验也是研学旅行基（营）地不可或缺的功能之一。参观博物馆、历史遗迹等场所，可以让学生们更好地了解中国传统文化、历史文化等方面的知识，并感受其中蕴含的人文精神和价值观念，提高他们对美的认识和欣赏能力。同时，亲身体验传统手工艺等活动，也有利于学生培养创造能力和实践能力。

**3.创新实践功能**

创新实践是研学旅行基（营）地的另一个重要功能。参观科技企业、实验室等场所，可以让学生们更好地了解现代科技的发展趋势和应用领域，并提高他们对科技创新的认识和理解。同时，开展各种创新实践活动，也有助于促进学生培养自主创新能力和团队协作精神。

**4.生活休闲功能**

研学旅行基（营）地需要具备一定的接待功能，尤其是营地需要提供能一次性集中接待一定规模学生的餐饮、住宿服务，以满足中小学生集体生活的需要。部分研学旅行基（营）地本身依托景区而成立，其环境与氛围能让学生在研学旅行过程中接受教育的同时，又享受美好的休闲时光。

总之，研学旅行基（营）地应该具备多种功能，以满足学生不同方面的需求和发展。

在实践中，需要根据不同地区、不同教育阶段和不同学科特点来进行针对性设置。只有这样，才能真正发挥研学旅行基（营）地的教育价值。

### （二）研学旅行基（营）地的特征

作为研学旅行教育活动的载体，研学旅行基（营）地必然有着和研学旅行相统一的教育性、实践性、安全性和公益性等特性，同时还表现出地域性和开放性等特征。

**1.教育性**

教育性作为研学旅行的本质属性，要求研学旅行基（营）地结合学生的实际研学需要、身心特点和接受能力，在设置研学课程及项目活动时注重系统性和知识性、科学性和趣味性，并通过加强硬件、软件建设，为学生实现全面发展提供良好的成长空间，从而充分地实现教育目标。

**2.实践性**

研学旅行基（营）地的实践性，即研学课程及其实施既要实现学生"动脑"，又要让其"动手"。因此，在课程设计与实施过程中，研学旅行基（营）地要以学生为主体，融入实践教育活动，变知识性的课堂教学为实践性的体验教学，进而实现培养学生创新精神和实践能力的教育目标。

**3.安全性**

目前，研学旅行服务对象主要是中小学生这一特殊人群，这决定了研学旅行基（营）地必须具备安全性这一基本属性，也就要求研学旅行基（营）地从选址到设施配备都要始终坚持安全第一地原则，并建立安全保障机制、明确安全保障责任、落实安全保障措施，始终把学生安全置于第一要位。

**4.公益性**

2016年，教育部等11部门发布的《关于推进中小学生研学旅行的意见》明确规定，研学旅行"不得开展以营利为目的的经营性创收"。因此，研学旅行基（营）地应把谋求社会效益放在首位，对贫困家庭学生履行减免费用的义务。

**5.地域性**

研学旅行基（营）地要充分依托其独特的自然地理环境、人文主题资源及地方经济特征，开设富有地域特色的研学旅行课程、项目及线路。例如，黄山市呈坎国家级研学旅行基地通过充分挖掘呈坎八卦村景区的徽派建筑文化，开发独特的徽文化主题课程，吸引了来自全国各地的中小学生开展研学旅行活动，充分彰显了地域文化的魅力。

### 6.开放性

研学旅行基（营）地作为一种开放式的教育环境，有别于学生惯常的校园课堂学习环境。研学旅行基（营）地的一切活动课程和配套设施，应有利于引导学生到自然和社会环境中开阔视野、丰富知识、了解社会、参与体验。同时，任何研学旅行基（营）地都具有服务对象极其广泛的特征，对社会所有人群开放。

## 三、研学旅行基地与营地的类型

### （一）研学旅行基地类型

根据研学旅行基地的资源属性，结合《旅游资源分类、调查与评价》（GB/T18972—2017）有关分类标准和教育部等11部门颁发的《关于推进中小学生研学旅行的意见》的相关要求，考虑耦合资源本身特色、研学旅行主体需求和学科特色之间的内在联系，可以将研学旅行基地划分为自然资源类、文化遗址类、农业基地类、工业厂区类、红色文化类、拓展实践类、社会场馆类、知名院校和科研院所类。

### 1.自然资源类

自然资源类研学旅行基地以自然风景区、自然遗产、自然生态为主要资源，提供自然教育和户外探险等研学旅行服务。截至2020年，我国共有世界地质公园41处，为世界之首；截至2021年，我国共有42处世界遗产；此外，我国还有各类级别的自然保护区、水产种质资源保护区、森林公园、地质公园、风景名胜区、海洋公园等。它们均构成自然资源类研学旅行基地的重要依托。

### 2.文化遗址类

文化遗址类研学旅行基地以历史文化遗址、博物馆、文化场所为主要资源，利用人类活动遗址、古建筑、摩崖石刻、特色街巷、特色社区、名人故居与历史纪念建筑等不可移动文物，来提供文化研学旅行等服务。

### 3.农业基地类

农业基础类研学旅行基地以农业生产、农业科技为主要资源，提供农业研学、农业科技教育等服务。这类研学旅行基地往往具备观光、现代农业科技展示及农业耕作体验等众多功能，主要包括农业示范类农产品生产基地、农业生产园和农业示范园等，如昆明市的世界园艺博览园、广东省翁源县的国家兰花基地。

### 4.工业厂区类

工业厂区类研学旅行基地以工业生产、工业科技为主要资源，提供工业研学、工业科技教育等服务。它包括传统工业厂区和新兴的工业厂区。传统工业厂区，如石景山首钢工业园区、中国煤炭博物馆等；新兴工业厂区则是以高新技术产业区为主，如典型的新兴产业园等。研学旅行主体到这类基地学习，可以加深对我国工业发展历史的认识，提高自身的综合素养。

### 5.红色文化类

红色文化类研学旅行基地以革命历史、红色旅游为主要资源，提供红色文化研学、革命历史教育等服务，如典型的爱国主义教育基地井冈山及延安革命传统教育基地。该类研学旅行基地具有爱国主义教育源远流长、爱国主义教育资源独特的优势。从基地等级进行划分，可分为国家级、省级和市级三级爱国主义教育基地。

### 6.拓展实践类

拓展实践类研学旅行基地以拓展训练、户外运动为主要资源，提供运动研学、户外拓展训练等服务。这类基地主要以青少年校外综合实践基地为载体，通过综合性课程的打造和训练，有针对性地培养学生生存实践能力和集体协作精神。

### 7.社会场馆类

社会场馆类研学旅行基地以科技展示、科技教育、活动场馆为主要资源，提供科技研学、科普教育、事件知悉等服务。这一类研学旅行基地主要是指各类科技场馆及一些与重要事件相关的活动场馆，如奥运会、亚运会、大运会和世博会等，它们能够加深研学对象对某一重要活动事件的认识。研学旅行主体到各类科技场馆开展研学旅行活动，能够进一步感受科技的力量；而到爱国主义教育基地开展研学旅行活动，则能感受祖国的强大，从而增强学生的自豪感和使命感。

### 8.知名院校和科研院所类

这类基地主要是一些知名的高校和科研机构，研学旅行主体到这类基地开展研学旅行活动，主要是为了让学生感受高校的学习氛围和科研气氛，了解我国一些高新技术或领域的前沿研究概况，激励学生形成正确的世界观、人生观和价值观，增强学生对于自身的价值体认和对于国家的认同感、归属感。

## （二）研学旅行营地类型

研学旅行实践教育的真正深入推进，离不开相关的基础设施保障。研学旅行营地也是研学旅行开展的重要场所。作为隶属于教育部门的主要研学服务机构，研学旅行营地主要有以下三种类型：

### 1.公建公办营地

公建公办营地是指由教育部门在政府划拨的土地上进行开发建设，建成后在教育部门监管下按照事业单位机制运营的营地，这类营地多为综合实践基地（学校）或青少年校外活动中心。这类营地从机制上属于教育局下属（或平级）事业单位，因此由教育行政部门负责对营地的人、财、物进行全面掌控和监管，并能够保证教师队伍和营地运营的整体稳定性。

### 2.公建民营营地

公建民营营地是指由教育行政部门在政府划拨的土地上进行开发建设，建成后在教育行政部门的监管下将营地整体外包或引入市场机制进行运营的营地。这类营地除政府承担部分财政外，其余部分由营地自负盈亏，是一种产权与运营管理权相分离的营地经营管理模式。

### 3.公私合作式营地

公私合作模式，又称 PPP（Public-Private-Partnership）模式，是指政府与私人组织之间，为了提供某种公共物品和服务，以特许经营权协议为基础，彼此之间形成一种"利益共享、风险共担、全程合作"的共同体关系。。PPP 模式与公建民营模式最大的不同在于营地建设方面，前者由政府和企业共建，因此有利于减轻财政负担、促进投资主体多元化。

# 第二节 研学旅行基（营）地的起源与发展

## 一、国内外营地教育的起源与发展

### （一）国外营地教育的起源与发展

营地教育最早起源于美国，至今已有 160 多年的历史，是基于营地的一种创新式教育模式。通过在营地的生活及体验活动，营地中的营员可以实现受教育的目标。1840年，一个教会团体在加拿大多伦多的一个名为豪格谷（今约克坊）的地方，搭建了帆布帐篷，并举行了营地活动，这是目前已知最早的营地活动和营地。美国有记录的首次有组织的营地活动是 1861 年弗雷德里克·冈恩（Frederick W. Gunn）和他的妻子阿比盖尔（Abigail）在康涅狄格州华盛顿带着整个学校进行了为期两周的旅行，旅行期间他们组织了划船、钓鱼、诱捕等户外活动，这种旅行活动持续开展了达十二年之久。此后，各类以青少年为主体的组织与机构便逐渐开展团体性的露营、旅行活动。但这类营地活动主要的服务对象是基督教会的男孩，带有一些性别偏见，女生以及其他能力障碍人群还无法参加。1876 年，法国的一个女子休闲班在纽约普莱西德湖村开课。

19 世纪 90 年代初，美国开设灾害救助和残疾青少年露营，这是主题式营地教育的标志，拉开了弱势群体参加营地活动的序幕。直到 1922 年加拿大建立了第一所有组织的独立女子营地，女孩也逐渐成为营地教育的主要参与对象。

1910 年，美国营地协会（ACA）正式成立，美国营地活动开始由统一的组织进行管理，并且开展专业知识技能培训与指导，这对美国营地教育的标准化发展起了重要的推动作用。自此，国际营地教育行业进入快速发展时期，营地教育逐渐传到英国、加拿大、新西兰、德国、日本、澳大利亚、马来西亚等国家。法国营地教育出现在 19 世纪末期，日本、澳大利亚、俄罗斯营地教育出现在 20 世纪初期，委内瑞拉则开始于 20 世纪中期。目前，以美国、俄罗斯、英国、日本等为代表的国外营地教育模式，已经成为全球典范。

### （二）国内营地教育的起源与发展

营地教育作为一种舶来品传入中国，起步较晚，并以夏令营的形态出现，主要面向青少年。1912 年 2 月 25 日，中国童子军（又称中国童子营），由严家麟创始于武昌文华书院，这是中国营地教育的雏形。1929 年，香港英华书院的童子军在鼓浪屿参加夏令营，这是中国最早的夏令营活动。1949 年，中国少先队建队之初，在教育部以及相关政府部门组织安排下，第一批少先队员到苏联参加黑海夏令营。由于当时学习的是苏联公益性夏令营模式，因此民间机构尚不允许进入这一领域。1954 年，团中央在山东青岛举办中国国际少年儿童夏令营，这是中华人民共和国成立后最早出现的夏令营。至 21 世纪初，我国营地教育资金及政策主要倾向于国家级青少年户外体育活动营地建设；至 2018 年，全国范围内的青少年户外体育活动营地已建成 150 多个。随着研学旅行政策的不断推进，以及从 2017 年和 2018 年教育部先后推出两批国家级研学旅行基地和营地以来，我国营地教育进入快速发展时期。

## 二、国内外基（营）地的发展

### （一）国外基（营）地的发展

欧美及日本等发达国家先进的营地教育理念使其研学旅行基地规模和基地运营模式都成为全球典范。目前，国外研学旅行基地形成了产业化、专业化、标准化和细分化的发展特征。

在研学旅行基地规模上，据美国营地协会统计，美国约有 12000 个营地，其中住宿营地 7000 个，每年有 1000 万左右的儿童和青少年以及 100 万成年人参加营地教育，参与渗透率高达 90%。美国每年参加私营夏令营的青少年占比约为 19%。俄罗斯是拥有全世界教育营地数量最多的国家，营地达 55000 个，75%的学生都会参加营地教育。俄罗斯营地教育发源于苏联的少先队夏令营。苏联教育学界对夏令营活动进行了长期的理论研究和探索，为营地教育的规范化发展打下了良好的基础。澳大利亚拥有 900 个营地，并强调营地活动与学校教育联系紧密，而且澳大利亚政府立法规定学校必须组织每位学生每年参加一周营地活动，营地教育已被纳入国家教育体系。日本有 3500 多个营地，每年超过 3000 万名学生参与营地教育活动，每年有超过 90%的中小学生参与研学旅行。

国外研学旅行基地基于"以人为本"的发展理念，强调学生综合素质的全面提升，因此在运营模式上采用政府严加把控、公益组织监管、社会大力支持的方式，并注重标准化的规范认证方式。例如，在安全方面，澳大利亚联邦政府颁布了《探险活动标准》，同时各州也根据自己的地理环境和特色颁布了详细的安全指南。同时，国外营地教育运营核心在于整合外部稀缺资源开发特色、差异化课程，吸引学生或学校深入参与，各个营地教育机构均有自己独特的差异化产品。例如，Camelot 专攻社会情商教育，QCCC 则主攻父亲的亲子教育，Green Camp Bali 借助巴厘岛优势主打自然文化体验，道禾书院则主推东方六艺文化，Gil well Park 深耕童子军训练，Camps 培养非认知型技能。国外营地教育机构发展成熟，均有独特的差异化产品。

## （二）国内基（营）地的发展

和国外相比，我国研学旅行营地发展较晚，始于 20 世纪 90 年代，并以夏令营形式开展。随着资本的大量涌入，组织夏令营的部门由原来的教委、学校、教育部等职能部门逐渐开放为社会机构，商业化的运作模式渗入夏令营，也实现了从中华人民共和国成立初期的国家包办的夏令营模式，到政府建设和市场化运作并行发展的过渡。与此同时，随着需求的大量释放，各类夏令营组织主体不断涌入市场，并呈现以旅游为目的、质量参差不齐的特征，此时夏令营活动进入粗放式的发展阶段。2000 年后，随着市场需求的增长及市场化运作的成熟，并在有意识地吸取国外营地教育理念的基础上，夏令营开始呈现一定的主题特征，例如以运动、艺术、减肥、心理素质培训等为主题的素质拓展夏令营、超越课堂的学习类夏令营和增长见识的游学类夏令营等。2013 年后，随着我国"逐步推行中小学生研学旅行"设想的提出，研学旅行基地和营地进入快速发展阶段，基地建设和管理也开始走向专业化和规模化。2016 年，教育部等 11 部门联合发布的《关于推进中小学生研学旅行的意见》提出，要遴选建设一批安全适宜的中小学生研学旅行基地。2017 年，教育部使用中央专项彩票公益金支持中小学生研学实践教育项目，在遴选研学实践教育基地的同时，又遴选了 14 个研学实践教育营地（以下简称"营地"），构建了以营地为枢纽、基地为站点的研学实践教育网络。2018 年又遴选出 26 家单位，作为全国中小学生研学实践教育营地。截至 2019 年 6 月，40 家国家级营地学生接待量总规模将近 400 万人次／天。而 2023 年 3 月 20 日发布的《中国研学旅行发展报告 2022—2023》显示，全国泛营地教育热度攀升，营地建设处于"跑马圈地"式扩张生长。根据比地招标网的数据，2022 年研学基（营）地项目占总招标项目数量的 43%，比 2021

年提高 18 个百分点。在细分趋势下，特色资源优势凸显，体育研学、文博研学、工业研学等主题营地的发展成为增长亮点。以工业研学为例，如东阿阿胶股份有限公司、青岛啤酒股份有限公司、首钢集团、汤臣倍健等各类企业陆续设立研学板块，既是跨界资源融合的再创新，也是产业边界打开后带来的新的增长动能。由此可见，我国研学旅行基地和营地在充分利用各种社会资源的基础上不断实现产业融合。

## （三）国内研学旅行基（营）地发展特点及模式

### 1.国内研学旅行基（营）地发展特点

第一，数量增多。随着研学旅行的盛行，各种类型的研学旅行基（营）地如雨后春笋般涌现，为学生参加研学旅行提供了更多的选择和机会。

第二，类型多样。研学旅行基（营）地的类型丰富多样，既有以科技、文化、艺术等为主题的专项基地，也有综合性的体验式基地，可以满足学生的不同需求。

第三，地域分布不均。研学旅行基（营）地的分布不均衡，主要集中在经济发达地区和旅游资源丰富的地区，贫困地区和偏远地区相对较少。

### 2.国内研学旅行基（营）地发展模式

目前，国内研学旅行基（营）地在借鉴国外研学旅行基（营）地主要模式的基础上，主要形成以下三种模式：

第一种是"基（营）地＋研学旅行＋教育"模式。"基（营）地＋研学旅行＋教育"是一种融合了营地教育、研学旅行和素质教育的新型教育模式。这种模式将营地教育、研学旅行和素质教育相结合，为学生提供了一种全方位、多样化的教育体验。在这种模式下，基（营）地和研学旅行成为教育的一种载体，通过各种户外活动、实践体验和领导力培训，帮助学生实现身心全面发展。与此同时，"基（营）地＋研学旅行＋教育"模式还注重学生的自主探究和自我反思，注重发展学生的创新思维和解决问题的能力。

第二种是"基（营）地＋研学旅行"模式。"营地＋研学旅行"是一种"教育+旅游"的创新模式，以团队生活、领导力培训和户外探索为主要特色。这种模式将研学旅行与营地教育相结合，旨在让青少年在户外环境中通过实践体验、团队合作、领导力培养等方式实现生理、心理的成长。在这种模式中，营地是整个研学旅行过程中的唯一住宿场所，且营地周围有丰富的研学旅行资源。

第三种是"基（营）地＋研学旅行+N"模式。"基（营）地＋研学旅行+N"模式是一种将营地教育、研学旅行及各种资源和服务相结合的多元化教育模式。在这个模式中，

"N"代表各种可能的元素，例如课程、领导力、文化交流、社会实践等。"基（营）地＋研学旅行＋N"模式是一种充满创意和灵活的教育模式，可以为学生提供全方位、多元化的教育体验，同时也为教育行业带来新的发展机遇。

# 第三节　研学旅行基（营）地的建设与运营管理

研学旅行的迅猛发展使得研学旅行基（营）地成为研学旅行线路产品中不可或缺的重要载体。为进一步规范研学旅行基（营）地建设及研学旅行活动项目的开展，2018年起，相关行业标准和部分省级标准陆续出台，如《福建省中小学生研学实践教育基地建设与服务标准（试行）》《武汉市中小学生研学旅行第2部分：研学基（营）地评定与服务规范》《中小学生研学实践教育基地、营地建设与管理规范》《研学旅行基地（营地）设施与服务规范》等。各项有关研学旅行基（营）地标准的出台使研学旅行基（营）地有相对科学和规范的准入条件，有效地推动了研学旅行服务市场的健康发展。

## 一、研学旅行基（营）地建设的基本要求

解读现行的各项研学旅行基（营）地标准发现，现阶段对于研学旅行基（营）地尚未形成统一的建设标准体系，故本书参照2019年中国旅行社协会发布的《研学旅行基地（营地）设施与服务规范》，对研学旅行基（营）地资质条件、基础设施、人员配备、研学内容、配套服务等要求逐一进行简要阐述。

### （一）资质条件

作为研学旅行服务的主要供应方，研学旅行基（营）地必须具备法人资质及相应经营资质和服务能力，应取得工商、卫生、消防、食品、公安、旅游等管理部门颁发的经营许可证照，同时还应具有良好的信誉和较高的社会知名度；另外，还明确要求研学旅行基（营）地有相应的服务经验，在时限上要求正式对社会公众开放满1年，且1年以

内无任何重大环境污染与负主要责任的安全事故。

## （二）基础设施

因主要承载团队型的研学旅行活动，研学旅行基（营）地应规模适当，基地水、电、通信、无线网络等要配套齐全，其接待容量及功能，如就餐、住宿等在确保安全卫生的前提下应由自身或与其他单位合作实现，及时满足开展研学旅行活动的需求；此外，还应具备基本的医疗保障条件，并配备数量适宜的专职医护人员。研学旅行基（营）地同样也需要进行相应的研学课程讲授，因此还应规划和建设由室内或者室外场所构成的专门研学场地。室外研学场地应结合集散功能及研学旅行主题，合理布局旅行路线和完善交通设施。

## （三）人员配备

为确保研学旅行服务质量，研学旅行基（营）地应该根据 30：1 的最低师生比，对每项研学旅行活动配齐研学旅行指导师和安全员，并为每项研学旅行活动配置 1 名项目组长。另外，为确保研学旅行基（营）地服务水平，还应指定一名中高级管理人员在接受专业培训并考试合格后担任基地内审员，以及至少配备 3 名具有省级及以上行政主管部门或者由专业社会组织颁发的研学旅行指导师职业证书的专职研学旅行指导师，负责研学课程指导工作。此外，研学旅行基（营）地的教职人员除应满足相应的健康条件外，还应具备相应的从业资格，具备较高的职业素养。

## （四）研学内容

研学旅行基（营）地是研学旅行过程中主要的学习场所，应提供较高的能充分彰显教育意义、融知识性和趣味性为一体的研学旅行产品；应围绕至少一个主题以及两项及以上的研学旅行功能，进行研学旅行产品线路设计与开发，并至少提供两条以上符合研学旅行主题的研学路线。在课程设置上，除了要充分考虑思政元素融入外，还应注重与校内课程的有效衔接，注重研学旅行教育方案的有效实施，并形成至少一项能够实现学生能力提升的特色课程。每个研学旅行团体在本基地的体验教育课程项目，应根据不同学段做相应的时间安排，小学阶段不少于 60 分钟，初中阶段时间不少于 90 分钟，高中阶段不少于 120 分钟；同时，还应注重行前、行中、行后的课程设计与总结。

### （五）配套服务

为确保研学旅行服务质量，研学旅行基（营）地应根据活动开展需要，提供相应的导览和教学设备、餐饮住宿交通等服务，并围绕学生研学教学、实践活动、生活、娱乐、交通、食宿等方面形成完整的安全责任保障体系；此外，还应建立科学合理的研学实践教育效果测评制度，构建融学生、学校、家长多方于一体的综合性评价体系。

## 二、研学旅行基（营）地建设的常见模式

### （一）旅游资源主导模式

旅游资源主导模式下的研学旅行基（营）地主要基于所拥有的旅游资源及其吸引力来进行规划、设计与建设开发。基（营）地的建设开发主要基于资源的实际情况开展，核心目的是实现旅游业态的转型升级。

### （二）教育需求主导模式

教育需求主导模式下的研学旅行基（营）地主要是当地主管部门与教育部门、各级学校等教育机构，根据其实际教育需要与所拥有的教育资源，来主导基（营）地的规划、设计与建设开发。基（营）地开发是围绕建设方（或项目主导方）的教育需求进行的。

### （三）产业发展主导模式

这种模式常见于已有的工业园区、农业基地等。工业园区、农业基地等基（营）地通过建设科普研学基地，介绍工业生产流水线、农业生产作业等，既做了知识科普，又顺势推广了自己的产品与品牌，是一种产业、教育与旅游三方共赢的模式。

### （四）元素植入模式

这种模式是指在已经建好的旅游目的地中植入与研学教育相关的元素，即直接在原旅游目的地的基础上做一些较小的调整，以较少的成本开展初步的研学旅行活动。

## （五）基（营）地先行模式

这种模式一般先进行研学旅行基（营）地建设，基（营）地建好之后再进行研学旅行课程开发设计。该模式节约了前期课程设计的步骤，建设周期较短，能较快地投入使用，成本相对较低，而且一般会按照大部分研学课程的普遍要求来设计，适应性较强。但由于在前期未进行深入的课程设计，基（营）地设计与课程设计不一定能较好地匹配，或者课程设计受限，且缺乏个性与特色，不容易进行品牌建设。因此，该模式未来的发展会受限，不是通常被推荐的模式。

## （六）课程先行模式

该模式要求先做好较为深入的研学旅行课程开发设计，再根据课程要求进行基（营）地规划与设计。这种模式前期课程设计阶段的投入较多、建设周期长，而且是根据已有课程的特色做的定制设计，所以不一定有广泛的适应性。但由于在前期进行了深入的课程设计，基地与课程匹配度高，凸显个性，有利于品牌的推广发展，因此未来在同一领域的发展具有可持续性。

## （七）智慧开发模式

这种模式是在研学旅行项目构思和调研的最初阶段，就引入大数据、人工智能、智能化设备、交互设计等最新科技成果，在基（营）地建设完成以及后期的运营管理中，可以全链条持续应用智慧开发与智慧管理，通过大数据与人工智能的辅助，根据基（营）地实际情况，做出最佳决策。

# 三、研学旅行基（营）地的运营管理

研学旅行基（营）地的运行同样离不开明确的运营架构体系，应紧紧围绕研学项目建设、安全管理、研学旅行课程开发、市场运营、人力资源管理等方面建立完善的管理制度。严格参照《研学旅行基地（营地）设施与服务规范》的建设要求，建立包括《研学旅行指导教师安全培训计划》《中小学生研学课程设置管理办法》《研学旅行餐饮安全管理办法》《研学旅行乘车安全管理办法》《研学旅行住宿安全管理办法》《研学旅行突发事件应急预案》等提出的管理制度。同时，研学旅行基（营）地在完善的制度管理构建基础上，还应形成完整的操作流程及方案，不断加强研学旅行基（营）地管理和督察，使其不断走向规范化和透明化，并注重部门之间的沟通，以增强各部门之间的协作能力。

## （一）构建"以人为本"的管理和服务理念

研学旅行基（营）地作为研学旅行服务的主要供应方，从服务对象到服务内容的实现均离不开核心市场和管理要素——人，因此研学旅行基（营）地运营管理的实质就是对人的管理。研学旅行基（营）地"以人为本"的管理和服务理念主要体现在以下三个方面：其一，应注重"以人为本"的员工管理方式，即在日常管理中，围绕员工个人及其职业发展路径，通过优化人力资源配置，不断激发和调动人的主动性、积极性、创造性，从而做到人尽其才、各尽其能，最终实现研学旅行基（营）地工作人员与机构的共同发展；其二，强化"以人为本"的服务理念，即不断改进服务手段和服务内容，提供适合不同人群的个性化服务，从而不断提高研学旅行基（营）地的服务质量和水平，满足不同研学旅行市场对研学旅行地理环境、课程类型、服务水平等方面的个性化需求；其三，实现"以人为本"的教育目标，研学旅行基（营）地各类项目的开展依然离不开"寓教于游、寓教于乐"教育目标的实现。因此，无论是课程、服务，还是基地活动，均在维持学生身心健康、安全的基础上，突出促进学生综合素质提升的服务宗旨，引导学生不断进行知识的提升、综合素质的培养、健全人格的养成、强健体魄的实现。

## （二）突出项目差异，强化资源统筹

任何资源载体或市场主体的竞争力的持续都在于资源或产品的差异化。因此，研学旅行基（营）地只有通过利用各种资源，不断开发具有优势突出、特色明显的研学旅行产品，打造研学旅行基（营）地主题特色和个性，才能形成强大的竞争力。研学旅行基（营）地还应强化研学旅行资源、销售渠道资源的整合，充分利用自然、科技、历史、文化等各类资源，利用各种机构搭建更为宽泛的营销渠道和平台，并采取区域联盟及相互合作的形式强化资源共享，延长并丰富研学旅行基（营）地研学旅行产品的供应链。在资源成本控制上，可通过合理布局活动区域和科学安排活动空间的人流动线，从而实现各项设施的高效利用，进而有效降低基（营）地的运营成本。在确保服务质量不下降的情况下，把研学旅行基（营）地成功建设成完善、配套合理的教育综合体。

从行业思维来看，研学旅行基（营）地主要由人、机构、场地三类资源构成，是联结教育资源的重要枢纽。因此，研学旅行基（营）地在运营管理上必须树立资源统筹观念，加强相关资源的开发、配置、整合和管理。在资源开发上，不能用传统的旅游思维去配置研学旅行资源，应利用高质量的研学内容去谋求更合理的运营管理方式。

### （三）发挥平台作用实现共享共赢

研学旅行基（营）地是基于教育目标而进行相应规划、设计的空间载体，其本质是教育平台，可充分发挥其资源联结、综合展示、品牌塑造等多种平台功能，促进资源的共享与互补。首先，可通过"引进来"的方式，立足研学旅行基（营）地空间载体的平台功能，广泛对接各类优质研学旅行资源或项目，不断丰富研学旅行基（营）地的课程内容和项目。其次，可通过"走出去"的方式，积极建立或参与产业联盟平台，促进行业经验分享与交流，加强产业协同发展，实现资源共享、合作共赢。最后，研学实践教育基地还可在国家及地方行业政策引导下，充分运用政府构建的相关研学旅行网络平台，联合各行政及行业部门共建协调工作机制，共同搭建研学旅行行业和研学旅行基（营）地规范管理的工作平台，从而提升研学旅行基（营）地的整体管理及运营水平。

# 第四节 研学旅行基（营）地的服务评价与考核

确保服务质量是研学旅行长久发展的基底，而要确保服务质量就必须建立严密的服务评价与考核体系，可以从基础条件和服务质量两个维度对研学旅行基（营）地服务开展综合评价考核。

## 一、研学旅行基（营）地基础条件评价与考核

基础设施的完备与否是研学旅行基（营）地能否顺利开展研学旅行活动的重要条件，可从五方面加以评价考核（见表 7-1）。研学旅行基（营）地基础条件的评价主要由行政主管部门采取定期或不定期的考核方式进行。

（一）资质条件合格与否

作为研学旅行的重要承载体，研学旅行基（营）地首先应该具备基本的法人资格，并结合各服务环节，经过各相关行政职能部门的严格的从业资格认证，定期参加研学旅行基（营）地的评估考核认定。

（二）基础设备齐全与否

研学旅行基（营）地的住宿、餐饮、交通等服务设施相对齐全，应满足研学旅行活动的开展；还应具备基本的医疗保障条件，能对紧急情况做出医疗应急处理，或与相关医院签订专门运送协议；基（营）地区域内应保持生态环境良好、整洁、卫生、安全。

（三）人员配备妥当与否

研学旅行基（营）地应根据服务规范配置项目组长、安全员及研学旅行指导师；应定期对工作人员进行培训与考核，不断提升其基本素质和服务能力，确保持证上岗；同时，还应配备专门工作人员与委托方、供应方及教育主管部门做好研学旅行工作的对接。

（四）安全管理到位与否

研学旅行基（营）地应具备完善的安全管理制度体系，有工作方案、应急预案、操作手册、安全评估制度、安全教育培训制度等，且安全管理工作要分工明晰、职责明确；应建立完善的应急管理预案，包括编制好对地震、火灾、食品卫生、治安事件、设施设备突发故障等的应对措施，并定期组织安全演练。研学旅行活动方案应及时交由教育、旅游行政部门备案。

（五）研学项目的专业与否

研学旅行基（营）地应充分利用自身或周边各种资源形成一定主题的课程体系，应围绕学生的综合素质培养目标进行相应的研学旅行项目设置，并强调体验性，突出教育性，形成专业的研学旅行教育体系。

表 7-1 研学旅行基（营）地基础条件考核表

| 序号 | 评审项目 | 分值 | 评分档次及分值 | | | | | 评分 |
|---|---|---|---|---|---|---|---|---|
| | | | A | B | C | D | E | |
| 1 | 资质条件 | 20 | 18～20 | 16～17 | 14～15 | 12～13 | <12 | |
| 2 | 基础设备 | 20 | 18～20 | 16～17 | 14～15 | 12～13 | <12 | |
| 3 | 人员配备 | 20 | 18～20 | 16～17 | 14～15 | 12～13 | <12 | |
| 4 | 安全管理 | 20 | 18～20 | 16～17 | 14～15 | 12～13 | <12 | |
| 5 | 研学项目 | 20 | 18～20 | 16～17 | 14～15 | 12～13 | <12 | |
| 总分 | | | | | | | | |

考核意见：

考核部门
　　年　月　日

# 二、研学旅行基（营）地服务质量评价与考核

研学旅行基（营）地除符合行业标准外，还应接受相应的服务质量评价与考核。对研学旅行基（营）地进行评价与考核的主体可以是学校、旅行社或学生，并采取质化的标准。对于研学旅行基（营）地服务质量的评价，可从服务价值、服务内容、服务态度、服务效率等方面予以展开（见表 7-2）。

## （一）服务价值考核

研学旅行基（营）地服务价值考核内容主要看其是否能紧紧围绕研学旅行教育目标进行研学主题和项目设置，即是否具有思政性、知识性、创新性、价值性和体验性等。

## （二）服务内容考核

研学旅行基（营）地主要服务内容是向师生提供高质量的研学旅行课程和主题项目。研学旅行指导师应具有较强的专业水准，能很好地引导学生在研学旅行中参与体验、开展探究性学习，并及时做出指导和点评。研学旅行基（营）地要及时按研学旅行指导师

的服务流程制作研学旅行手册、调查报告等内容，让学生真正行有所获、研有所得。

## （三）服务态度考核

工作人员的服务态度会直接影响研学旅行主体对研学旅行项目的满意度，因此研学旅行基（营）地工作人员的服务态度也是考核要素之一。研学旅行基（营）地工作人员主要面向的服务对象是中小学生，因此需要在工作过程中保持耐心、热情、友好。同时，基于研学旅行基（营）地公益性原则，能否执行研学旅行规范中要求的优惠政策，也是其服务态度的重要考核内容。

## （四）服务效率考核

服务效率是服务质量的价值体现，高水准的服务质量离不开高效率的服务。在研学旅行活动开展过程中，研学旅行主体需求各异，各种特殊情况难以预料，这都需要研学旅行基（营）地能迅速地做出方案调整或应急情况处理。

表 7-2 研学旅行基（营）地服务质量评价考核

| 序号 | 项目标准 | 等级评定 | | | | 实际得分 | 评价意见 |
|---|---|---|---|---|---|---|---|
| | | 优 | 良 | 中 | 差 | | |
| 1.服务价值（25分） | | | | | | | |
| 1.1 | 思政性：符合思想政治教育要求，契合国家发展形势 | 5 | 4 | 3 | 0 | | |
| 1.2 | 知识性：基于学龄段课程标准，能够实现良好的多学科融合教学效果 | 5 | 4 | 3 | 0 | | |
| 1.3 | 创新性：能够引发学生的探究和思考，塑造创新思维 | 5 | 4 | 3 | 0 | | |
| 1.4 | 价值性：符合时代发展需要，体现实践探究学习价值 | 5 | 4 | 3 | 0 | | |
| 1.5 | 体验性：能够产生良好的身心体验，寓学于乐 | 5 | 4 | 3 | 0 | | |
| 2.服务内容（40分） | | | | | | | |
| 2.1 | 研学目标：目标定位明确，围绕落实立德树人根本任务，聚焦发展核心素养 | 4 | 3 | 2 | 0 | | |
| 2.2 | 研学主题：主题特色鲜明，主题设计深入 | 4 | 3 | 2 | 0 | | |

| 序号 | 项目标准 | 等级评定 | | | | 实际得分 | 评价意见 |
|------|---------|------|------|------|------|---------|---------|
| | | 优 | 良 | 中 | 差 | | |
| 1.服务价值（25分） | | | | | | | |
| 2.3 | 研学教育大纲：学段划分清晰，教学设计科学合理，编制研学旅行解说教育大纲 | 4 | 3 | 2 | 0 | | |
| 2.4 | 研学方法：凸显课程资源与文化特色，符合不同青少年群体特征 | 4 | 3 | 2 | 0 | | |
| 2.5 | 师资团队：身心健康，以身作则，诲人不倦，语言规范，举止文明 | 4 | 3 | 2 | 0 | | |
| 2.6 | 研学场地：具有研学基地资质，布局科学合理，教学设施完备，功能齐全，具有科学和生动的研学解说系统 | 4 | 3 | 2 | 0 | | |
| 2.7 | 研学教具：设计科学合理，材质环保安全，能够有效辅助研学课程实施 | 4 | 3 | 2 | 0 | | |
| 2.8 | 研学手册：编制科学合理，美观实用，兼具开放性与指导性 | 4 | 3 | 2 | 0 | | |
| 2.9 | 研学成果：紧扣教学目标，设定科学合理，呈现形式丰富多样 | 4 | 3 | 2 | 0 | | |
| 2.10 | 后期跟进：后期保持跟进，不断强化研学成效 | 4 | 3 | 2 | 0 | | |
| 3.服务效率（20分） | | | | | | | |
| 3.1 | 及时处理应急情况效率 | 5 | 4 | 3 | 0 | | |
| 3.2 | 及时处理投诉处理事宜 | 5 | 4 | 3 | 0 | | |
| 3.3 | 及时跟进研学主体需求 | 5 | 4 | 3 | 0 | | |
| 3.4 | 及时处理突发事件效率 | | | | | | |
| 4.服务态度（15分） | | | | | | | |
| 4.1 | 对学生热情、友好、有耐心 | 5 | 4 | 3 | 0 | | |
| 4.2 | 严格执行研学旅行中的优惠政策 | 5 | 4 | 3 | 0 | | |
| 4.3 | 建立回访制度 | 5 | 4 | 3 | 0 | | |
| 合计 | 100分 | | | | | | |

　　为确保研学旅行基（营）地服务质量，研学旅行相关行政部门可加大监管力度，并定期或不定期地进行检查，使研学旅行市场主体获得更为满意的研学旅行体验。

　　研学旅行基（营）地最早起源于夏令营形式，是现代研学旅行的重要载体和基石，也是教育部重点推进项目。作为研学旅行服务的重要供应方，研学旅行基（营）地应紧紧围绕提高研学旅行市场主体综合素养的服务宗旨，按照相关建设要求，在相应的服务考核体系下不断提升服务水准，切实满足"寓教于乐、寓学于游"的研学旅行需求。

# 参 考 文 献

[1]郑颖莉，郝兵. 基于"互联网+"高校研学旅行管理与服务专业课程建设路径研究[J]. 大学，2024，（05）：101-104.

[2]马宇勋. 五项管理背景下初中德育综合实践开展的行动策略与思考——以甘肃省研学旅行为例[J]. 求知导刊，2024（03）：86-88+127.

[3]杨志国，李楠，杨海霞等. 研学旅行视域下高校旅游管理专业应用型人才实践能力培养研究[J]. 西部旅游，2024（02）：78-81.

[4]刘琳. "双减"背景下的高质量研学旅行产品开发设计[J]. 旅游纵览，2024（02）：75-77.

[5]杨文喜. "五项管理"背景下初中学生研学旅行实施途径和方案的探究[C]// 中国陶行知研究会. 2023 年中国陶行知研究会生活教育学术座谈会论文集（三）. 兰州市第四十九中学，2024：3.

[6]刘珮. 产教融合视域下研学旅行管理与服务专业实践教学改革对策探析[C]// 百色学院马克思主义学院，河南省德风文化艺术中心. 2023 年高等教育科研论坛桂林分论坛论文集. 青岛幼儿师范高等专科学校，2023：2.

[7]吕秋梦. 产学研合作背景下"研学旅行管理与服务"专业人才培养与就业一体化研究[C]// 山西省中大教育研究院. 第九届创新教育学术会议论文集——人才培养篇. 黑龙江禾唐研学旅行发展有限公司，2023：4.

[8]张竹君. "双减"视域下小学研学旅行课程管理的创新思维及实践路径[J]. 新课程导学，2023（24）：87-90.

[9]刘婷. 基于人才培养的高职旅游管理专业研学旅行活动开展策略研究[J]. 旅游与摄影，2023（16）：106-108.

[10]宋媛，齐晓波，赵丽. 专家：尽快出台研学旅行管理办法[N]. 法治日报，2023，06，12（008）.

[11]魏晨慧. 研学旅行视角下高中地理教师专业核心能力培养策略研究[D]. 金华：浙江师范大学，2023.

[12]范佳如. 高职院校研学旅行管理与服务专业人才培养研究[D]. 辽宁：辽宁师范大学，2023.

[13]于玉. 培养学生核心素养的研学旅行课程管理案例研究[D]. 青岛：青岛大学，2023.

[14]李琪，周坚. "1+X"证书制度试点专业"课证融通"路径研究——以研学旅行管理与服务专业为例[J]. 西部旅游，2023（08）：79-81.

[15]李颖. 高职研学旅行管理与服务专业思政研究与实践[J]. 济南职业学院学报，2023（02）：62-67.

[16]赵丽丽. 职业院校研学旅行专业人才培养：现实需求与培养路径[J]. 中国职业技术教育，2023（11）：42-49+73.

[17]王倩，张伟. 高职院校研学旅行管理与服务专业人才培养研究[J]. 国际公关，2023（05）：149-151.

[18]刘亚军，杨利萍，王文. 基于CBE理念的研学旅行管理与服务专业课程体系研究[J]. 职业教育，2023，22（07）：40-42+47.

[19]于海燕. 高职院校研学旅行人才培养策略研究[J]. 旅游纵览，2023（05）：64-66.

[20]易瑜. 新文科背景下应用型本科旅游管理"金课"建设研究——以研学旅行实务课程为例[J]. 旅游纵览，2023（04）：42-44+64.

[21]付荣云，杨琼. 高职院校"岗课赛证"融通育人模式研究——以研学旅行管理与服务专业为例[J]. 山东高等教育，2023，11（01）：80-85.

[22]孟玲玉. 高职院校"研学旅行教师"专业素质研究[D]. 成都：四川师范大学，2021.

[23]郭省伟. 邢台市初中生研学旅行管理研究[D]. 石家庄：河北师范大学，2020.